나를 찾아 꿈을 피우는 여정
꿈을 담다

어른들을 위한 진로 탐색 프로젝트

나를 찾아 꿈을 피우는 여정
꿈을 담다

김자영 · 조수정 지음

추천사

"이 책은 인생 후반전에 마주한 우리 모두에게 주는 선물 같은 나침반입니다."

많은 어른들이 자신에게 이렇게 묻습니다.
"지금 내가 가는 이 길이 맞는 걸까?"
하지만 답을 찾기란 쉽지 않습니다.

《꿈을 담다》는 그런 막막한 순간에 과거와 현재, 그리고 미래를 하나의 이야기로 엮어 자신만의 진로를 '스스로' 다시 설계할 수 있도록 도와주는 아주 특별한 실천형 안내서입니다.

단순한 동기부여를 넘어, 내면의 질문을 던지고, 돌아보고, 정리하며 한 발 한 발 구체적인 행동으로 옮겨가는 여정을 워크북처럼 친절하게 안내합니다.

진로지도와 자기 이해에 기반한 이 책의 구성은 교육 현장과 개인 상담 경험이 풍부한 저자의 전문성이 고스란히 녹아 있습니다.

진로의 방향을 잃었거나, 이제라도 '나답게 살아가고 싶다'는 어른들에게 《꿈을 담다》는 당신의 삶을 다시 설계할 수 있는 가장 실제적이고 따뜻한 도구가 되어줄 것입니다.

지금 이 책을 펼치는 순간, 당신의 두 번째 꿈이 시작됩니다.

"지금부터 다시 당신의 꿈을 브랜드처럼 피워보세요."

브랜딩포유 대표 / 브랜딩 전략가
장이지

추천사

김자영, 조수정 작가님을 처음 만난 것은 2017년 송파 진로직업체험지원센터에서였습니다. 그때부터 지금까지, 늘 성실함과 번뜩이는 아이디어, 청소년을 향한 깊은 애정으로 좋은 제안을 건네오신 분들입니다.

이번 책은 단순한 진로 안내서가 아닙니다. 김자영, 조수정 작가님이 수년간 청소년 현장에서 부딪히며, 함께 고민하고, 길을 열어준 경험의 총합입니다.
개인의 삶을 탐색하는 그 복잡하고도 섬세한 여정 속에서 이 책은 따뜻한 이정표이자 나침반이 되어줄 것입니다.

지역 사회의 아이들에게 '드림메이커'가 되어주었던 시도들이 이제는 더 많은 독자에게 꿈을 상상할 수 있는 용기를 줄 것이라 믿습니다.

저 또한 교육현장에서 교사이자 센터장으로 일하며 수많은 기획을 하고 있지만, 이 책처럼 삶 그 자체의 방향성을 담은 프로젝트는 드뭅니다.

김자영, 조수정 작가님의 진심과 치열함이 이 책을 통해 더 넓은 세상에 전해지길 기대합니다.

현(現) 미래산업과학고등학교 교사&센터장
전(前) 꿈마루송파진로직업체험지원센터장
김범준

추천사

'꿈담'

어쩌면 나의 꿈도 담길 것 같은 예쁜 이름입니다.

서울시교육청 학부모지원센터장으로 부임하여 코로나19와 함께 학부모 교육을 시작했던 아이러니한 인연이 떠오릅니다.

생애 처음 만나는 공교육의 일탈로 학교와 회사를 못 가는 가족들 덕분에 위축되고 방황하는 학부모들에게 뭔가 의미 있는 교육을 하고 싶었습니다. 많은 교육과정을 만들고 학부모들을 만나면서 그들이 교육을 통해 스스로 성장하고 교육의 주체가 되라고 입이 닳도록 떠들었습니다. 그런데 '꿈담'을 읽고 '그래 이거야!'라며 박장대소를 하였습니다. 그렇게 우뚝 선 우리의 친구들이 또 다른 어른(학부모)들을 위하여 심혈을 기울여 고민하고 연구하여 세상에 나온 책이라니 기대가 한가득입니다.

요즘처럼 학부모라는 자리가 민원인이니, 심지어 악마라는 소리를 들을 정도로 위축되어 있을 때 세상의 모든 학부모가 이 책을 읽고 워크숍을 통해 자신의 꿈을 담는 세상을 만들어 간다면, 우리 교육은 더 이상 방황하지 않을 것으로 확신합니다.

'꿈담'이 삶에 지치거나 방황하는 학부모들에게 올바른 등대가 되기를 기원합니다.

전(前) 서울시교육청 서울학부모지원센터장
박미향

프롤그

당신은 지금 삶의 어디쯤에 있나요? 현재의 삶에 만족하나요? 당신의 꿈은 무엇인가요?

이 질문들에 망설임 없이 답할 수 있는 사람이 몇이나 될까요?

살아가다 보면 우리는 종종 나 자신을 잊고 살아가게 됩니다. 일상의 굴레에 갇혀 바쁘게 살아가다 보면 내가 진정으로 원하는 것이 무엇인지, 바라던 꿈이 무엇인지 떠올릴 여유조차 없을 때가 많습니다. 삶이 단조롭게 느껴지고 방향을 잃었다고 생각될 때, 우리는 마치 의미 없는 항해를 하는 것처럼 느껴집니다. 문득 지금의 내 모습이 진짜 내가 맞나 하는 생각도 들죠.

그럴 때 우리에게 필요한 것은 잠시 멈춰 서서 자신을 들여다보는 시간입니다.

'다들 그렇게 사는데 뭐!', '나에게 특별한 능력이 있는 것도 아니니 그냥 사는 거지!'라며 다시 일상으로 돌아가는 것이 아니라, 긴 호흡으로 달리는 마라톤에서 일정 구간마다 잠시 멈춰 물을 마시고 호흡을 가다듬는 것처럼, 인생을 살아가며 나를 다시 바라보고, 내 안에 잠자고 있는 꿈을 깨우고 그 꿈을 피워 내 삶을 더 빛나게 만들 수 있도록 정비하는 시간이 필요한 거죠.

이 책의 화자인 드림메이커와 드림메신저 역시 삶의 목표와 방향성을 잃고 헤매었던 시절이 있었습니다. 각자의 상황은 다르지만 꿈을 찾는 과정에서 여러 시행착오를 겪었고, 스스로를 돌아보며 쉼표이자 재정비하는 시간들을 통해 한 걸음 나아가고 성장할 수 있었습니다. 그 경험은 단지 드림메이커와 드림메신저에게만 국한된 것이 아니죠. 자신의 꿈과 진로를 명확히 알지 못해 방황하거나 좌절했던 사람들, 삶에서 진정한 행복을 찾고 싶어 하는 사람들, 의미 있는 인생을 꿈꾸지만 그 방법을 찾지 못해 헤매고 있는 사람들, 그리고 한때 가졌던 꿈을 잃어버리고, 다시 꿈꾸고 싶어 하는 분들도 계실 것입니다.

이 책은 바로 그런 여러분과 함께하고자 쓰여졌습니다.

비슷한 고민을 가진 많은 사람들과 꿈을 찾고 삶에 동기를 부여하는 여정을 함께하며 경험을 나누고, 내 안에 잠자고 있는 꿈을 깨워 진정한 자아를 발견하고 삶의 의미를 찾아가는 길에 동행자가 되고 싶었습니다. 교육현장에서 학습자들과 함께 이야기를 나누다 보면, 가장 많이 듣는 이야기가 "꿈을 어떻게 찾아요?"라는 질문입니다. 진로교육과 컨설팅을 하는 저희도 이 질문에 대해 늘 많은 고민을 합니다. 때로는 혼란스럽기도 했고, 확신으로 시작했지만 결국은 원점으로 돌아가 다시 시작해야 하는 경우도 있었죠.

이러한 경험을 통해 저희들과 같은 과정을 겪고 있는 분들과 그 답을 찾아가는 시간을 갖고 스스로 다시 꿈을 피우는 일에 함께하고 싶다는 마음이 커졌습니다. 그렇게 드림메이커와 드림메신저가 마음을 모아 준비한 과정이 바로 '꿈을 담다' 프로젝트입니다.

방황과 좌절의 시간을 거치며 지치고 바쁜 일상 속에서 잊고 있던 꿈을 찾는 과정을 지나 이렇게 진로교육전문가로서 부지런히 매일을 보내고 있는 것처럼, '꿈을 담다' 프로젝트에 함께하시는 분들도 꿈을 찾고 삶에 동기를 부여해 활기찬 내일을 만들어 갈 수 있도록 현장에서 진행했던 프로젝트를 이제 책을 통해 더 많은 분들과 나누고자 합니다.

이 책은 여러분을 '꿈담 프로젝트'라는 특별한 여정으로 안내합니다. '꿈담 프로젝트'는 잊었던 나의 꿈 눈뜨는 시간인 [꿈을 묻다]와 심리검사를 통해 나를 알아보는 시간인 [나를 알다], 내 삶을 돌아보고 나의 니즈를 찾는 시간인 [꿈을 찾다], 나의 꿈과 비전을 세우는 시간인 [꿈을 담다], 나의 꿈을 알리는 시간인 [다시 꿈을 꾸다]로 구성되었습니다. 꿈담 프로젝트는 스스로에게 질문하고 답하며 꿈을 찾아가는 여정을 함께하고, 과거의 나를 되짚어 현재의 나를 이해하며, 미래의 나를 그리는 과정을 거쳐 꿈을 구체적으로 실행해 나갈 수 있도록 돕는 과정입니다.

꿈을 찾는 과정을 우리는 여행에 비유하고는 하는데요. 여행을 떠나기 전 많은 준비가 필요하듯, 꿈을 찾는 여정에도 여러 가지 준비가 필요합니다. 저는 여행을 떠나기 전 필요한 물건들의 목록을 챙기고, 여행지에서 가볼 곳들도 알아보며, 좀 더 행복한 여행이 될 수 있도록 여건과 상황에 맞는 일정도 짜면서 준비를 하는데요. 어떨 땐 여행을 준비하는 그 시간이 더 설레고 행복하게 느껴지기도 합니다. 그럼 꿈을 찾는 여정에는 어떤 준비가 필요할까요?

 꿈을 찾는 여정은 여행을 준비하는 과정처럼, 나의 여러 면들을 살펴 나를 알아차린 다음, 필요한 것들이 무엇인지 목록화하고, 그것을 바탕으로 꿈을 설계하며 실행할 수 있도록 로드맵을 작성하는 것이 필요합니다. 나아가서는 우리가 여행을 간다는 것을 주변에 알리며 그 일정을 확고히 하는 것처럼, 내가 꿈꾸는 목표와 비전을 세상에 선포하는 과정도 가져야겠죠. 그런데 경험상 이 과정이 더 설레고 행복한 시간이 되기도 해서 꿈을 찾아가는 여정이 정말 여행 준비와 비슷한 부분이 많음을 느낍니다. 반복되는 일상에서 놓치고 있던 설렘을 여행을 통해 다시 찾고, 경험해 보지 못한 세상으로의 여행 후

미처 알지 못했던 새로운 것을 깨닫듯, 때로는 익숙한 것들을 내려놓고 새로운 가능성을 받아들일 때 변화와 성장은 시작됩니다.

　에이브러햄 링컨은 가난한 환경 속에서도 꿈을 잃지 않았고, "나는 천천히 걸어가지만, 결코 멈추지 않는다."라는 말로 끊임없는 도전의 중요성을 강조했습니다. '도전' 뒤에는 두려움도 함께 따라오기에, 우리는 현실에 안주하는 것을 선택하는 경향이 있습니다. 하지만 두려워하지 마세요. 이 여정의 끝에는 새로운 자신을 발견하고 더 나은 미래를 향해 나아가는 기쁨이 기다리고 있습니다.
　이 책은 실제 운영되는 '꿈담 프로젝트' 프로그램을 그대로 보여주며, 책 속의 워크시트를 활용함으로써 현장에서 프로그램에 참여하는 것과 같은 효과를 얻을 수 있습니다.

책을 읽는 데서 그치지 않고 자신의 삶에 직접적으로 변화를 일으키는 실행력을 높이고 다시 꿈을 꾸게 되겠죠. 이는 여러분과 함께 만들어 가는 여정의 기록이 될 것입니다.

 꿈은 단순한 환상이 아닌, 우리를 움직이게 하는 원동력입니다. 여러분의 인생에서 가장 중요한 순간인 지금! 꿈을 향해 나아가는 여정은 때로는 어렵고 힘들 수 있지만, "가장 큰 성취는 절대로 실패하지 않는 것이 아니라, 실패하고도 다시 일어서는 것이다."라는 빈스 롬바르디의 말처럼, 끊임없이 도전하며 노력을 멈추지 않았으면 좋겠습니다. 오늘의 작은 선택과 행동이 우리의 꿈을 이루는 열쇠가 될 수 있음을 꼭 기억하세요. 여러분의 꿈이 이 책의 페이지를 넘기는 동안 조금씩 모습을 드러내고, 그 꿈을 향한 첫걸음을 내딛는 용기를 얻어 한 분 한 분의 이야기가 새롭게 쓰여지기를 바랍니다.

"우리가 바라는 변화가 세상에 일어나길 원한다면, 그 변화는 우리 자신으로부터 시작해야 한다."라는 간디의 말처럼, 당신 안의 변화는 결국 당신의 꿈을 향한 첫걸음에서 시작됩니다.

자, 이제 여러분의 꿈을 찾아 떠나는 여정을 시작합시다.

함께 꿈꾸고, 함께 성장하며, 함께 그 꿈을 현실로 만들어 갑시다.

여러분의 멋진 여정을 응원합니다!

드림메이커 & 드림메신저

차 례

추천사 ·· 4
프롤로그 ·· 10

제1강 **꿈을 묻다** ······································ 23
    핵심포인트 ·· 48
    실전 워크시트 1. 이 책을 펼친 당신, 당신의 꿈은 무엇인가요? 49

제2강 **나를 알다** ······································ 53
    핵심포인트 ·· 86
    실전 워크시트 2. 내 안의 숨은 나를 발견하는 시간 ········ 87

제3강 **꿈을 찾다** ······································ 93
    핵심포인트 ·· 113
    실전 워크시트 3. 나의 삶을 돌아보고 나의 니즈를 찾는 시간 114

제4강 **꿈을 담다** ······································ 121
    핵심포인트 ·· 153
    실전 워크시트 4. 나의 꿈과 비전을 세우는 시간 ·········· 154

제5강 **다시 꿈을 꾸다** ·································· 159
    핵심포인트 ·· 169
    실전 워크시트 5. 나의 꿈을 향한 한 걸음 ················ 170

에필로그 ·· 176
프로젝트 참여 후기 ······································ 184
특별부록 : 어른들을 위한 진로 가이드 ······················ 192

제 1 강

꿈을 묻다

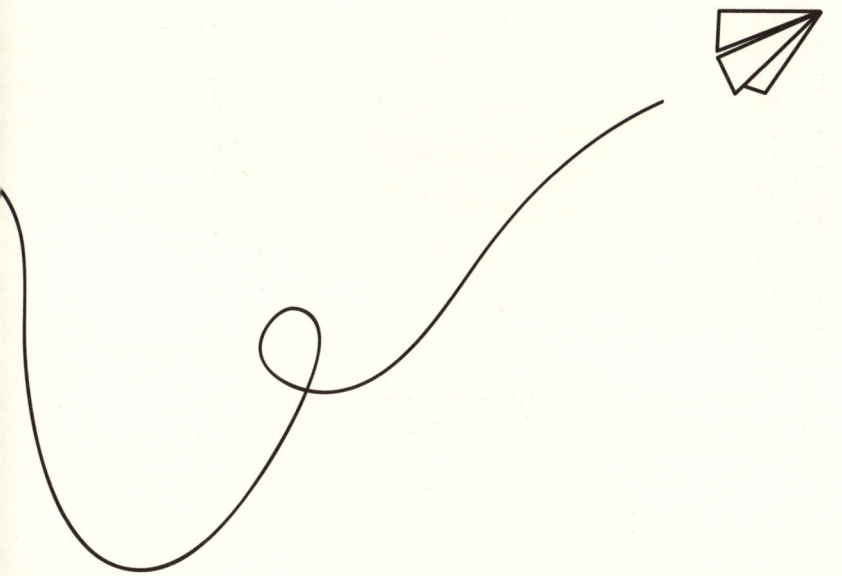

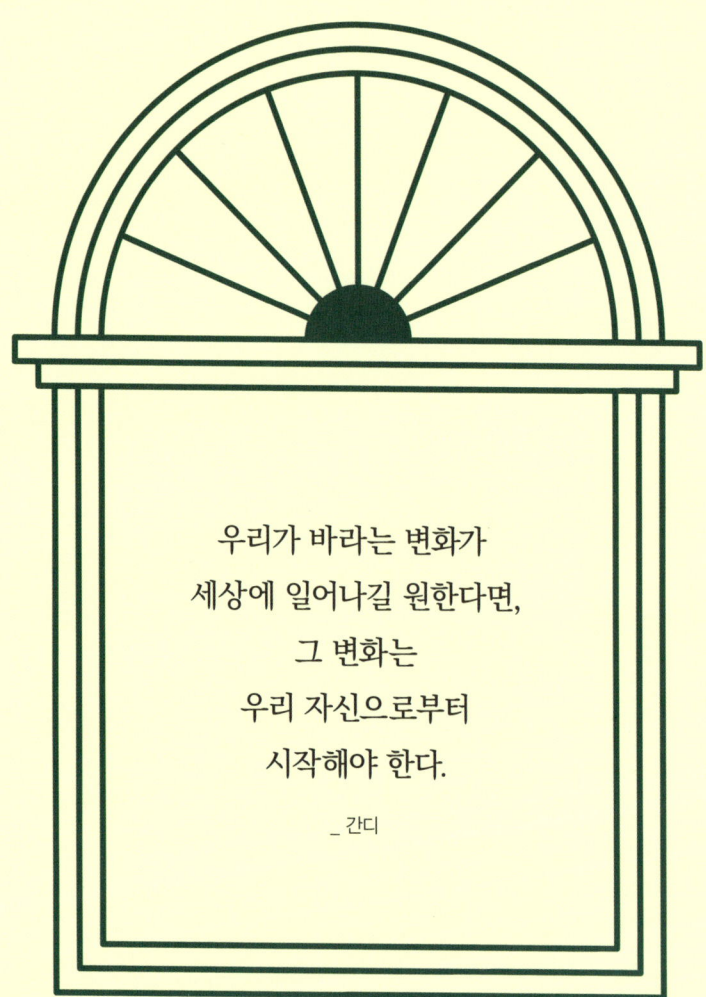

우리가 바라는 변화가
세상에 일어나길 원한다면,
그 변화는
우리 자신으로부터
시작해야 한다.

_ 간디

안녕하세요. 문득 찾아온 미래에 대한 불안 혹은 앞으로 펼쳐질 삶에 대한 기대감으로 이 책을 펼쳐 든 여러분 반갑습니다. 지금부터 나를 찾아 꿈을 피우는 꿈담 프로젝트를 시작하겠습니다. 퀴즈로 문을 열어 볼게요.

다음의 질문을 듣고 떠오르는 것이 무엇인지 맞춰 보세요.
첫 번째, 남의 것은 절대로 볼 수 없는 것은?
두 번째, 안 보려고 해도 보아야 하고, 보려고 해도 볼 수 없는 것은?
세 번째, 어릴 때는 꾸고, 젊어서는 간직하고, 늙어서는 깨뜨리는 것은?

네 번째, 눈감으면 보이고 눈을 뜨면 보이지 않는 것은?

다섯 번째, 잠을 자야 볼 수 있는 것은?

퀴즈를 들으며 어떤 단어들이 떠올랐나요? 꿈이라는 단어가 생각나셨을까요?

그렇다면 우리가 머릿속에 떠올린 '꿈'은 어떤 의미를 갖고 있나요?

꿈은 매일 밤 잠들면 만나는 세상이기도 하고, 자신이 이루고자 하는 것이나 바라는 지향점이기도 한데요.

오늘 우리는 "어릴 때는 꾸고, 젊어서는 간직하고, 늙어서는 깨뜨리는 것은?"이라는 질문 속에 담겨 있는 '꿈'이 가진 의미를 생각하며 제1강 [꿈을 묻다] 시간을 가져 보려 합니다.

잠시 눈을 감아보세요. 무언가 하고 싶었던 어린 시절로 돌아가 볼까요?

드림메이커와 드림메신저의 이야기를 참고해 주어진 질문에 스스로 답하며 잊고 있던 꿈을 떠올려 나를 돌아봅시다.

당신의 어릴 적 꿈은 무엇이었나요?

누군가 제게 꿈을 물었던 첫 기억은 초등 2학년 때쯤입니다. 동네 아줌마들이 저희 집에 모여 차를 마시고 계셨는데, 곁에 있던 언니와 제게 커서 뭐가 되고 싶냐고 질문하셨고, 그 질문에 대한 답으로 전 "엄마가 되고 싶어요."라고 말했더랬죠. 이후 아줌마들의 박장대소와 함께 엄마는 여자라면 누구나 하는 건데, 그게 뭘 되고 싶냐며 통박을 들었던 것으로 기억해요. 그때 전 척척 해내시는 엄마가 대단하고 멋져 보여 그런 사람이 되고 싶다 한 건데, '왜들 그러지?' 싶어 의아해했었습니다. 이후 나름 무언가 되고 싶다는 꿈을 꾸었던 건 고등학생이 되고 나서인데요. 수많은 사람들이 모여 살아가는 공간인 도시를 연구하고 계획 설계하는 것에 관심이 생겨 도시계획가가 되기를 꿈꾸었고, 그것을 공부하려고 마음먹었었다가, 이후 연극 동아리 활동을 하며 잠시지만 전문 연극배우가 되고 싶다는 꿈을 꾸기도 했었습니다.

— 드림메이커

어릴 적에는 꿈이 다양하고 계속해서 바뀐다고들 하지만, 저는 일관되게 선생님만 꿈꿨는데요. 그 이유는 선생님의 따뜻함과 배려가 저에게 큰 동기부여가 되었기 때문이에요. 저는 초등학교 시절까지 조용하고 내성적인 아이였어요. 친구들과 어울리기보다는 혼자 있는 것을 더 좋아했고, 그때까지는 특별히 주목도 받지 못했었는데, 모든 것이 바뀐 순간이 있었습니다.

초등 4학년 때 담임선생님께서 저에게 관심을 갖고 이름을 불러주셨습니다. 그때까지 저는 존재감이 희미했지만, 선생님의 따뜻한 시선과 사랑이 저에게 큰 영향을 미쳤습니다. 선생님의 작은 관심이 저에게 큰 위로가 되었고, 그 순간부터 저는 조금씩 변하기 시작했습니다. 성격도 밝아지고, 친구들과 잘 어울리게 되었죠. 그전에는 상상도 못 했던 새로운 친구들과도 잘 사귀고, 학급 일에도 적극적으로 참여하게 되었습니다. 그때부터 저는 '나도 선생님처럼 따뜻하고 사랑으로 가르쳐 주시는 선생님이 되어야지!'라는 생각을 했고, 따뜻한 선생님이 되고 싶다는 꿈을 갖게 되었습니다.

― 드림메신저

드림메이커와 드림메신저는 과거의 자신을 돌아보며 질문에 이렇게 답을 적어 보았습니다. 다른 이들의 이야기를 들으며 나도 모르게 자신의 어린 시절이 떠올랐을까요? 너무 오래된 이야기라 잊고 지냈을 수도 있고, 그때는 그런 생각을 했는지조차 의식하지 못했을 수도 있지만, 가만히 나의 어린 시절. 학창 시절로 돌아가 내가 잠시나마 품었던 꿈은 무엇이 있었는지, 그때 왜 그런 꿈을 가졌었는지 답해보는 시간을 가져 볼까요? 혹시 명확하게 떠오르지 않는다면 어릴 적 어떻게 살고 싶었었는지를 정리해 봐도 좋습니다.

"당신의 어릴 적 꿈은 무엇이었나요?
왜 그런 꿈을 꾸었나요?"

_____
_____
_____
_____
_____

이번엔 어린 시절 나의 모습을 돌아볼까요? 평소 관심을 갖거나 잘하는 것을 보고 주변에서 해주는 칭찬에 으쓱했던 기억이 있으시죠? 내가 좋아하고 평소 잘했던 것들, 또는 나의 성격을 지켜본 주변의 사람들이 추천해 주었던 일들을 생각해보면, 그 시절 나의 모습, 나의 장점은 무엇이었는지 떠올릴 수 있습니다. 자신도 몰랐던 것을 알게 되면서 자신의 흥미와 적성을 발견하는 계기가 됩니다.

당신의 주변에서 추천해 준 직업은 무엇인가요?

저를 아는 분들이 '어울릴 것 같다.', '잘할 것 같다.'고 이야기해 준 직업들을 떠올려보면, 주로 창작하는 분야였던 것으로 기억합니다. 꼬물꼬물 손으로 옷을 리폼해 입곤 했던 고등학생 시절엔 친구들이 의상 디자이너를 추천해 주었었고요,

대학생 땐 과제물을 작업하며 손 그림을 그리거나 교구 제작을 주로 담당해서인지, 교구 개발자를 해도 좋겠단 이야기를 들었습니다.

과일청을 만드는 데 흠뻑 빠져서 지인들에게 선물할 때는 수제 청을 대량으로 만들어 팔아보는 것은 어떠냐는 말을 듣기도 했었고, 육아를 하며 다양한 체험 정보를 활용해 체험학습을 진행하는 제게 체험활동 정보를 공유하는 기사를 작성해 달라는 의뢰를 받아 여러 차례 기고를 한 적도 있네요. 최근 들어서는 새로운 기획을 하거나 함께 프로젝트를 만들어 가는 일들을 하는 모습을 보며 상대가 가진 역량을 발굴해 방향성

을 세우고, 그 일을 할 수 있도록 돕는 기획자로서의 역할을 하면 잘할 것 같다는 이야기를 듣고 있습니다.

— 드림메이커

특별히 추천해 준 직업은 없었던 것 같아요. 하지만 어릴 적 친구들이 저에게 종종 말해주던 이야기가 있었습니다.

"네가 가르쳐주면 이해가 잘 돼!"라는 말은 저에게 큰 기쁨이 되었고, 주변에서도 저의 설명 스타일을 칭찬해 주었습니다. "차분하게 알기 쉽게 조목조목 설명을 잘한다."며 "넌 커서 선생님 하면 좋겠다!"라는 이야기를 듣곤 했었죠. 그때마다 저는 그 말을 진지하게 생각하지는 않았지만, 그 말이 저의 마음속에 남아 있었던 거 같아요.

그래서일까요? 저는 누군가에게 내가 아는 것을 알려줄 때 너무 재밌고 즐거웠었던 것 같아요. 그때마다 친구들이 이해하는 모습을 보며 기뻐했고, 그 기쁨이 저에게 큰 동기부여가 되어서 그때의 경험들이 주변에서 저를 선생님으로 추천해 주는 이유가 아닐까 해요.

시간이 지나면서도 저는 그 경험을 잊고 살았는데, 지금은 그 일을 하고 있으니, 그때의 경험들이 저에게 큰 동기부여가 되었네요. 누군가에게 도움이 되고, 그들이 성장하는 것을 보는 것이 얼마나 큰 기쁨인지 알게 되고, 그 기쁨을 더 많은 사람들과 나누고 싶어 하니 말입니다.

- 드림메신저

  드림메이커와 드림메신저의 이야기를 들으니, 여러분도 떠오르는 장면들이 있으시죠? 어? 나도 친구들이 권해주었던 일들이 있었는데... '너 패션 디자이너 하면 잘할 것 같아.' '야, 넌 경찰관 하면 딱인데.'라며 해주었던 이야기들 속에 담겨 있는 내가 좋아하고 잘했던 것들을 찾아 질문에 답해 보세요.

"당신의 주변에서 추천해 준 직업은 무엇인가요?"

  어린 시절 주변에서 권해주었던 직업들을 나열해 보니, 나라는 사람을 조금 더 알 수 있게 되는 것 같습니다. 내가 가지고

있는 강점들, 또 내가 보였던 흥미와 관심들이 투영되어 '이런 일을 해보면 어때?', '이런 일을 하면 잘할 것 같아...'라는 권유로 돌아오지 않았나 하는 생각이 드는 거죠. 그럼 조금 더 생각을 넓혀 당신이 직접 선택하고 걸어온 직업으로 넘어가 볼까요.

당신의 첫 직업은 무엇이었나요?

돈을 벌어본 첫 경험은 초등학생들을 가르치는 일이었어요. 여학생 2명을 일주일에 한 번씩 만나 공부를 도와주고 월급을 받았는데, 약 1년 정도 그 일을 했었지만 좀 부담감을 갖고 일했던 것으로 기억해요.

이후 방학 동안 여러 가지 아르바이트를 경험하기도 했지만, 졸업하고 처음으로 취업하여 가졌던 직업은 유치원 선생님이었습니다. 사실 유아교육 학과생으로 공부하면서 교사라는 일이 나와는 맞지 않는다는 생각을 강하게 가졌었기에, '졸업 후에 무슨 일을 해야 할까?'라는 고민이 있었어요. 그러다 첫 유치원 실습을 나가 순수한 아이들의 전폭적인 신뢰를 받는 유치원 선생님으로서 하루를 보낸 후, 유치원 교사라는 일을 해보고 싶다는 쪽으로 생각을 바꾸게 되었고, 주저 없이 유치원에 이력서를 제출했었죠. 그렇게 유치원 5세 반의 담임선생님이 되었지만, 늘 그렇듯 이상과 현실은 차이가 있기에 실습현장에서 느꼈던 마음과 실제 유치원 교사로 일하는 현실과는 온도 차가 있었던 걸로 기억합니다. 그럼에도 아이들과 생활하는 유치원 현장은 늘 즐거웠어요. 온전히 나를 믿고 따라오는 아이들을 위해 다양한 프로그램들을 기획하고 함께하며 느끼는 성취감도 좋았고요. 그중에서도 제가 제일 좋아하던 일은 주제에 맞는 프로그램을 기획하고 다양한 체험활동을 찾아 함께하는 것이었어요.

그래서일까요? 육아를 하면서도 아이들과 함께 여러 체험활동을 찾아 했었고, 지금은 새로운 내용들을 융합하여 프로그램을 만들고, 교육활동을 연구하며 함께 성장하는 일에 진심을 다하고 있습니다.

— 드림메이커

저는 자라면서 공부보다는 빨리 세상에 나가서 일을 하고 싶었어요. 그 이유는, 관심 분야의 공부 외에는 타 분야에 흥미를 느끼지 못했고, 실제 업무 환경에서 배우며 경험을 쌓는 것이 더 큰 가치가 있다고 믿었기 때문이지요. 그래서 스스로 선택하여 상업계 고등학교를 지원했습니다. 입학 전부터 저는 컴퓨터 학원에 다니며 컴퓨터 관련 기술을 배우기 시작했고, 일찍 배우기 시작한 덕분에 컴퓨터 장학생으로 선발되어 장학금을 받으며 학교를 다녔습니다.

고등학교 3학년 때 선배가 다니던 IT회사에서 직원을 추천해 달라는 연락이 학교로 왔습니다. 그때 저는 그 추천의 행운이 저에게 올 것이라고는 생각조차 하지 않았지만, 운이 좋게도 그 인연이 저에게 왔습니다. 그 덕분에 서울에 있는 IT 컨설팅 회사에 입사하게 되었고, 이는 저에게 큰 기회가 되었습니다.

당시 MS Office가 세상에 많이 알려지기 전임에도 빨리 익힐 수 있었던 것은 큰 행운이었습니다. 입사하고 얼마 지나지 않아 관심 분야인 IT를 배우게 되어 즐겁게 생활하던 기쁨도 잠시, 회계부에 결원이 생기면서 부서 이동 제안을 받아 회계 일을 하게 되었습니다.

처음에는 관심 분야가 아닌, 회계부의 일이라 마음의 갈등도 있었지만, 그 과정을 잘 이겨내 회계의 중요성을 깨달았고, 회계 업무에 대한 이해를 높일 수 있었습니다. 이후 인사부를 거쳐 회사 경영 전반에 대한 업무를 지원할 수 있는 오피스 매니저로 활동하게 되었습니다.

그때까지 저는 왕성하게 활동하며 회사의 다양한 부서에서 경험을 쌓으면서 각 부서의 중요성을 깨달았고, 그 중요성을 바탕으로 회사의 전체적인 운영 방식을 이해할 수 있었습니다.

나아가 CFO, CEO의 꿈도 꾸게 되었고, 그 꿈을 이루기 위해 노력했습니다. 그러나 결혼과 함께 일찍 쌍둥이를 출산하면서 다니던 직장을 그만두게 되었지요. 회사를 다니며 많은 것을 배우고 성장할 수 있는 기회를 가졌던 그 경험은 저에게 큰 자산이 되었습니다.

　무엇보다 빠르게 변화하는 세상에서 적응하고 성장하는 것이 중요하다는 것을 깨달았고, 그 경험을 바탕으로 더 많은 사람들에게 도움이 되고 싶다는 생각도 하게 되었어요. 첫 직업이 저에게 준 교훈은 단순한 직업 선택을 넘어, 삶의 방향을 설정하는 데 큰 영향을 미쳤고 영원한 추억이 되었습니다. 저는 그 추억을 통해 계속해서 성장해 가고 있습니다.

- 드림메신저

　드림메이커와 드림메신저의 첫 직업 이야기를 들으니, 여러분의 첫 직업은 무엇이었는지 궁금해집니다. 누구에게나 '처음'은 특별한 의미로 남아 오래 기억되기 마련이죠. 여러분의 첫 직업은 어떤 경험이었고, 그 경험이 지금의 여러분에게 어떤 영향을 주었는지 생각해 보면서 질문에 답해 보세요.

당신의 첫 직업은 무엇이었나요?

_____

_____

_____

    이루고 싶었던 꿈과 당신의 첫 직업은 같나요? 어릴 적 희망 직업이 실제 직업이 된 경우는 얼마나 될까요? 한국리서치에서 2024년 2월, 전국 만 18세 이상 남녀 1,000명을 대상으로 조사한 바에 따르면, 어릴 적 희망 직업이 실제 직업이 된 경우는 11% 정도로, 10명 중 9명은 꿈꾸었던 일이 아닌, 다른 일들을 하고 있다고 합니다. 왜 많은 사람들이 어릴 적 꿈을 이루지 못했을까요? 우리가 어릴 땐 자신의 관심과 흥미를 크게 생각하지만, 직업을 선택할 때는 경제적, 환경적 요인과 같은 주변의 영향을 받기 때문입니다.

    그럼 나는 어떤지 한번 생각해 볼까요?

지금 당신은 어떤 일을 하고 있나요?
그 일을 선택한 이유는 무엇인가요?

미래를 준비하기 위해 생각해보고 준비해야 할 분야에 대해 함께 고민하고 나누는 강사로 하루하루를 채워가고 있습니다. 제가 주력하고 있는 강의분야는 진로와 환경 그리고 디지털 미디어 리터러시이고요. 함께하는 대상은 유치원생부터 성인학습자까지 다양하게 만나고 있어요.

저희 아이들이 청소년이 되면서 진로에 대해 엄마인 내가 알아야겠다는 생각으로 공부를 시작했는데, 미래의 진로를 안다는 것이 대상에 관계 없이 모두에게 필요함을 느끼고, 경력전환을 앞둔 성인들과 진로를 세우는 학생들까지 모든 학습자들과 함께하고자 마음을 먹고 교육현장으로 나아가게 되었습니다.

진로상담을 통해 자기 자신을 파악하여 진로설계를 할 수 있도록 돕고, 미래를 설계할 수 있도록 마음을 다하고 있어요. 이런 일련의 과정을 거치며 미래 진로와 연계하여 환경문제를 간과할 수 없다는 깨달음에 환경교육 분야를 조금씩 공부하고, 나누고 있습니다. 그리고 우연히 받게 된 연수에서 디지털 리터러시 교육을 받은 후, 디지털 시대를 살아가는 우리들에게 꼭 필요한 교육이었는데도 그동안 놓치고 있었음에 충격을 받아, 미디어교육사과정을 거쳐 디지털 시민교육과 디지털 미디어 리터러시 교육 등을 진행하고 있습니다.

그 외에 같은 분야의 강사님들과 팀을 이뤄 협업하며 프로젝트를 기획 및 제안하여 진행하기도 하고, 함께 공부하며 도반으로서 성장하기 위한 시간을 갖고, 나아가 저와 만나는 분들이 내면의 나를 알아차리고 자신들의 꿈과 비전을 찾아갈 수 있도록 돕는 일도 하고 있습니다.

지금 하고 있는 일을 선택한 이유는 그 필요와 중요성을 깨달았기 때문입니다. 돌이켜보면 제가 성장하는 과정에서 누군가가 진로에 대한 중요성을 이야기해 준 적이 없었어요. 그저 "무슨 일을 할래?", "어떤 직업을 가질 거니?"라는 질문만이 있었을 뿐, 내가 살아가며 무엇을 하고 싶은지, 어떤 기준으로 그것들을 선택할 건지, 그것을 통해 이루고 싶은 것은 무엇인지를 고민하고 생각해보게 했던 적은 없었던 거죠. 성인이 되어서야 이러한 고민과 질문 없이 했던 선택들은 힘을 잃어버리기 일쑤고, 때로는 후회로 남기도 한다는 것을 깨닫게 되었기에, 창창한 미래 진로를 세우기 시작하는 아이들에게 저와 같은 길을 걷게 하면 안 되겠다 싶은 마음이 첫 번째였습니다.

  우리 아이들이 자라서 청소년기에 접어든 후, 다시 일을 해볼까 하는 마음으로 재취업을 준비하며 절실히 느끼게 되었습니다. 저처럼 인생 2모작을 준비하거나, 육아기를 마치고 다시 일을 시작하는 성인들도 예전의 선택과정을 답습하는 것이 아닌, 제대로 된 성찰을 거쳐 남은 삶에 대한 주체성을 갖고 행복하게 일을 할 수 있도록 하기 위해 반드시 진로를 세우는 과정이 필요하다는 생각이 두 번째였습니다.

  그렇게 시작된 저의 첫걸음이 물 동그라미가 퍼져나가듯 연결된 주제와 활동들로 영역과 범위를 넓혀가며 지금 하고 있는 일까지 닿게 되었고요, 또 앞으로 어떻게 펼쳐지게 될지 기대가 되기도 합니다.

- 드림메이커

  배운 것을 나누자는 모토로 청소년들의 진로교육, 디지털 미디어 리터러시 교육, 환경교육을 하고 있고, 더불어 드림메신저가 되어 엄마들의 꿈을 찾고 성장을 돕는 일을 하고 있어요. 또한 다드림스쿨이라는 교육회사를 만들어 엄마 강사를 키우는 일도 함께하고 있답니다. 잠재력을 깨우고 주도적인 삶을 살 수 있도록 동기부여하고 있어요.

그 이유는, 저는 결혼하고 쌍둥이를 출산했어요. 쌍둥이의 초등학교 입학과 함께 학교에서 책 읽어주기 봉사활동과 학부모회 봉사활동을 하며 학교 교육과정에도 관심을 갖게 되었어요. 우리 아이들의 진로교육을 위해 공부하게 되면서 진로센터에서도 봉사활동을 하고, 그것을 계기로 학교에서 진로교육도 담당하게 되었습니다.

어릴 적 꿈이었던 선생님에 대한 대리만족으로 학교에서 강사로 활동하면서 친구들과 잘 어울리지 못하고 겉도는 아이들이나, 잘못된 표현과 행동으로 문제아로 찍혀 있는 친구들을 보게 되었습니다. 그 후 저는 그 아이들을 변화시키기 위해 의식적으로 이끌어주려고 노력했지만, 아이들은 금방 제자리로 돌아갔어요.

그 이유는, 아이들은 아이들의 의지보다 옆에 있는 어른들이 이끌어주어야 했기 때문이에요. 아무리 훌륭한 선생님이라 해도 학교에서 한 명 한 명 바로잡아 주고 변화를 이끌어주기가 쉽지 않음을 느꼈어요. 주변에서 배려심 많은 아이, 공감을 잘하는 아이를 살펴보니, 부모가 평소 어른이나 주변 사람들에게 배려하는 모습을 많이 보여주었기에, 아이가 자연스레 보고 배워 나타난 결과임을 알게 되었어요. 부모가 어떻게 살아가는지에 따라 아이들이 달라지는 걸 보면서 결국은 부모가 중요하고, 아이들을 잘 키우려면 '부모가 바로 서야 아이들이 바로 설 수 있구나!', '아이보다 부모교육이 더 중요하구나!' 하는 것을 느끼게 되었어요.

 '어떻게 하면 아이들에게 본보기가 되는 부모가 될 수 있을까?' 하는 고민을 하다 보니 성인의 진로에 관심을 갖게 되었고, 더 나아가 진로공부를 하게 되었죠. 왜 진로교육이었냐면요. 사람이 목표가 있으면 크게 흔들리지 않고 앞으로 나아가는 경우가 많은데요. 특히나 아이와 가장 많은 시간을 보내는 엄마들에게 많이 적용돼요. 직장에 다니고 열심히 활동하는 엄마들의 자녀들은 엄마가 열심히 살아가고 해내는 모습을 보며 배우고 따라 하는 것을 봤을 때, 엄마가 집에서 딱히 명확한 목표 없이 흐트러지고, 하루하루를 그냥그냥 살아가면서 매일 '공부해라!', '뭐해라!' 하며 소리 지르고 잔소리하는 모습을 보는 아이들은 무엇을 배울까요? 그래서 전 육아만 하던 엄마들이 진심으로 원하는 것을 공부하고, 성과를 만들어내며 이루어가는 것을 수없이 목격했기에 성인의 진로에 대해 공부했고, 많은 엄마들을 도우려 애썼어요.

 제가 왜 이런 길을 걸어왔고 왜 하고 있는지 몰랐지만, 진로공부를 하면서 이런 저의 경험이 누군가에게 도움이 된다면 기꺼이 돕고 싶다는 새로운 꿈을 꾸게 되었고, 드림메신저가 되어 지금은 그 길을 걷고 있어요.

– 드림메신저

'계획된 우연'이라는 말이 있습니다. 우리가 지금 하고 있는 일이 어쩌다 보니 하게 된 것 같아도, 돌아보면 나의 가치관이나 목표와 연결된 선택이라는 의미를 담고 있죠. 그래서 "왜 이 일을 하게 되었을까?"라고 스스로에게 묻다 보면 내가 어떤 사람인지, 어떤 방향으로 나아가고 있는지 다시 생각해 볼 수 있습니다. 여러분도 우연처럼 내가 선택했던, 혹은 치열하게 준비하고 얻어냈던 나의 일을 떠올리며 질문에 답해 볼까요?

**"당신은 지금 어떤 일을 하고 있나요?
그 일을 선택한 이유는 무엇인가요?"**

_____

_____

_____

_____

_____

2019년 전국 만 19~59세 성인 남녀 1,000명을 대상으로 엠브레인 트렌드모니터에서 조사한 〈현대인의 꿈, 적성 및 인생목표〉에 따르면, 학창시절 장래 희망직업 선택의 이유는 "좋아하는 일을 하고 싶다.", "안정적인 일을 하고 싶다.", "명예로운 일을 하고 싶다.", "돈을 많이 벌고 싶다."와 같이 개인이 중요하게 생각하는 가치가 반영되어 있음을 알 수 있습니다. 나아가 어릴 적 꿈꿨던 희망직업이 아니더라도, 현재 하는 일이 자신이 중요하게 여기는 가치와 연결된 직업인 경우 삶의 만족도가 높다고 합니다. 지금 내가 중요하게 여기는 것들이 내가 하는 일과 연결되어 있나요? 현재 내 삶에 만족도는 얼마나 되나요?

사람은 현재에 머물지 않고 더 나은 나, 더 나은 삶을 살고 싶은 욕구를 가지고 있습니다, 이러한 욕구를 만족시키는 과정이 꿈을 찾아가는 과정이라고 하죠. 그렇기에 현재의 삶에 만족하지 않는 사람은 지금과는 다른 삶을 바랄 것이고, 만족하는 사람도 미래의 변화를 꿈꿀 것입니다. 당신은 어떤 변화를 원하시나요? 당신이 꿈꾸는 미래는 무엇인가요? 우리가 꿈을 찾는다는 것은 어떤 의미를 가지는지 질문에 답해 봅시다.

당신에게 진로, 꿈을 찾는다는 것이 갖는 의미는 무엇인가요?

제게 있어서 꿈을 찾는 것이 갖는 의미는 막막한 미래로 한 발 내딛기 위한 동기를 찾으려는 것이었습니다. 성격상 확실하지 않으면 새로운 시도를 하지 못했기에, 십여 년 넘게 해왔던 길이 아닌, 새로운 길로 방향을 바꾸는 것조차 쉽지 않았어요.

그래서 '나는 그 일을 왜 하려는 걸까?' '이 일이 나에게 갖는 의미는 무엇인가?'라는 질문을 스스로에게 계속 던졌던 것 같아요. 그 질문 속에서 제가 찾은 것은 끝의 이유가 아닌 시작의 이유였습니다. 다시 말하자면 어디까지 가겠다라는 최종 목표보다는 관심이 가는 것에 좀 더 가까이 다가가고 싶다는 내 안의 작은 욕망, 니즈에 집중했었다는 거죠.

"아무것도 하지 않으면 아무 일도 일어나지 않는다."는 말처럼, 일단 움직일 이유에 초점을 맞추니 두려움보다는 설렘이 일고, 결과에 대한 확신이 아닌 다시 시작할 수 있다는 확신이 생겨 '이것부터 해보자!'라는 마음을 갖게 되었습니다.

그렇게 한 걸음 두 걸음 내디디며 다음은 어느 방향으로 갈까 찾아보고, 또 그 안에서 해보고 싶은 것이 무엇인지를 찾아 걸음을 떼어 걷고를 반복하다 보니 누군가의 멘토가 되어주고, 누군가의 미래가 되어주기도 하는 지금의 위치에 올 수 있었는데요. 어떤 이에게 꿈은 희망이 될 수도 있고, 또 어떤 이에겐 꿈이 생계가 될 수도 있듯이 진로, 꿈을 찾는 것이 필요한 이유는 사람들마다 다르리라 생각합니다. 어찌 보면 그 이유를 찾는 것부터 꿈의 여정이 시작되는 거겠죠.

저는 진로를 찾는 것, 꿈을 이룬다는 것은 끝이 아니라, 늘 시작이라는 생각을 합니다. 죽는 그날까지 오늘을 잘 보내고, 내일은 무엇을 할까 생각하고 기대하며 준비하는 순간순간이 꿈을 이루고 또 다른 꿈을 담는 과정이 아닐까요?

– 드림메이커

꿈을 찾는다는 건 삶의 목적이 아닐까 해요. 사람은 누구나 행복한 삶을 살기 원하잖아요. 어떤 사람으로 살아가고 싶은지, 이 세상에 어떤 영향력을 주고 싶은지, 스스로에게 질문하고 답해 보면서 나아갈 방향을 찾게 되는데요, 저는 그 과정을 통해 '세상에 제가 가진 것을 나누며 선한 영향력을 끼치고 싶은 사람이구나'를 알게 되었어요.

"머릿속으로 자신이 바라는 것을 생생하게 그리면 온몸의 세포가 모두 그 목적을 달성하는 방향으로 조절된다."는 아리스토텔레스의 말처럼, 내가 바라는 것의 방향으로 한 발짝씩 나아가며 내 삶의 주인이 되어 살아가면서 충만함과 희열을 느껴요. 나를 알고, 내 꿈을 찾고, 그 방향으로 나아가는 것이 어떤 것인지 알기에, 다른 사람의 꿈을 찾는 것을 돕는 일이 너무

신나고 행복하답니다.

 꿈이 있는 사람과 없는 사람의 생각과 행동은 분명 다르고, 그 꿈이 명확할 때 흔들리지 않고 나아갈 수 있어요. 제가 생각하는 꿈을 찾는다는 것의 의미는 나를 제대로 알고 이해해, 내가 좋아하고 하고 싶은 일이 뭔지 명확히 아는 것! 그리고 내가 명확히 알게 된 꿈을 이루기 위해 행동하는 것이라고 생각해요. 지금 당장 보이는 것을 행하기보다는 그 꿈을 이룬 미래의 모습을 그려보고, 그 꿈을 이루기 위해 계획을 작게 쪼개서 세우고 실행하다 보면, 계획보다 더 빠르게 이룬 자신을 발견하게 될 거예요.

 "생각대로 살지 않으면 사는 대로 생각하게 된다."라는 말이 있는데, 생각하는 것은 쉽고, 행동하는 것은 어렵죠. 생각한 대로 행동하는 것은 더욱 어려운 일이지만, 그 어려움을 극복하는 것이 중요합니다. "생각을 바꾸면 행동이 바뀌고, 행동을 바꾸면 습관이 바뀌고, 습관을 바꾸면 인격이 바뀌고, 인격을 바꾸면 운명이 바뀐다."라는 말이 있죠. 세상은 자신이 무엇을 어떻게 바라보느냐에 따라 다르게 보인다고 하죠? 내가 바라는 것을 생생하게, 그리고 그 목적을 달성하기 위해 나아간다면 그 꿈은 꼭 이루어질 거라 믿어요.

– 드림메신저

마지막 질문이네요. 꿈과 진로를 찾는 과정에서 어떤 의미를 발견했는지 드림메이커와 드림메신저의 이야기를 들으니, 자신의 목표를 찾고 그 길을 걸어가는 이유에 대해 다시 생각해 보고 싶다는 생각이 드셨을까요. 각자의 꿈을 찾는 여정은 저마다 다르고, 그 안에는 다양한 의미와 깨달음이 담겨 있습니다. 여러분도 스스로에게 질문하며 답해 보시면 좋겠습니다. 여러분에게 진로와 꿈을 찾는다는 건 어떤 의미인가요?

"당신에게 진로, 꿈을 찾는다는 것이 갖는 의미?"

2019년 성인남녀 4,091명을 대상으로 잡코리아×알바몬 통계센터에서 〈꿈꾸는 직업 현황〉을 조사한 결과에 따르면, 어린 시절 꿈꿨던 삶과 다르게 살고 있다 해도 10명 중 9명은 저마다 미래에 이루고 싶은 또 다른 꿈을 꾸고 있는 것으로 나타났습니다. 우리는 지금 이 순간에 만족하기도 하고, 때로는 지금

과는 다른 내일을 생각하기도 하죠. 무엇이 되었든 중요한 것은 우리에게 내일이 기다리고 있다는 것이고, 이제는 누군가에 의해, 혹은 상황에 밀려 선택하는 삶이 아닌, 내가 선택하고 주인이 되는 삶을 살아갈 수 있다는 것입니다. 그 방법을 찾고 나아가고자 우리는 꿈담 프로젝트에 함께하는 것이죠. 그 시작인 오늘, 함께 나를 찾아 꿈을 피우는 꿈담 프로젝트, 잊고 있던 나의 꿈을 되돌아보는 〈꿈을 묻다〉 시간을 가졌습니다. 자신의 과거 모습 속에서 내가 느꼈던 설렘, 호기심과 관심의 씨앗을 찾기 위해 주어진 질문에 천천히 답해 보면서 나의 또 다른 꿈은 무엇인지 생각해 보길 바랍니다.

"이 책을 펼친 당신, 당신의 꿈은 무엇인가요?"

핵심포인트

1강. 꿈을 묻다

'꿈'이라는 단어를 진지하게 마주한 것은 언제였나요?
어릴 적 품었던 순수한 꿈, 주변의 응원, 나만의 가능성…
그 모든 것이 지금의 나와 어떻게 연결되어 있는지 돌아보세요.

[과거의 감정이 미래의 가능성을 자극]

어린 시절의 꿈에는 '진짜 나'의 흔적이 담겨 있습니다.
이 감정은 현실과 타협해 살아온 오늘의 나에게
새로운 가능성을 상기시켜 줍니다.

[현재 위치를 재점검할 수 있는 출발점]

처음 직업을 선택했던 이유, 그때의 기대와 지금의 현실을 비교하면서
현재의 고민을 구체화하고, 새로운 선택의 기준을 세울 수 있습니다.

[삶의 통합적 시선을 제공]

과거-현재-미래를 잇는 선 위에서 삶을 조망할 때,
단순한 직업 목표가 아닌 '살고 싶은 삶의 방향'이 보이기 시작합니다.

"길을 잃었을 때는 처음 출발한 곳으로 돌아가라."
지금 이 순간, 여러분이 어떤 상황에 있든 '과거의 꿈을 다시 묻는 시간'
은 무의미한 회상이 아니라 현재의 나를 이해하고, 미래를 새롭게 설계
하는 귀중한 통찰의 과정이 됩니다.
꿈은 사라진 것이 아니라, 잠시 잊고 있었을 뿐입니다.
그 잊었던 꿈의 조각들을 모아, 다시 여러분만의 이야기를 시작해보세요.

실전 워크시트 1강

이 책을 펼친 당신, 당신의 꿈은 무엇인가요?

활동 방법 ▶ 다음 질문을 읽고 생각을 정리하여 빈칸에 적어보세요.

"지금의 내가 어린 나에게 해주고 싶은 말이 있다면 어떤 말일까요?"

"만약 실패하지 않는다면, 어떤 꿈을 다시 도전해보고 싶나요?"

"지금 내가 하고 있는 활동(공부, 취미, 관심사) 중 과거의 꿈과 연결되는 것이 있나요?"

"과거의 꿈이 지금 새로운 꿈을 설계하는 데 어떤 힌트를 줄 수 있나요?"

"지금 다시 그 꿈을 꿔본다면, 어떤 모습으로 가능할까요? 혹은 어떤 방식으로 이어갈 수 있을까요?"

제 2 강

나를 알다

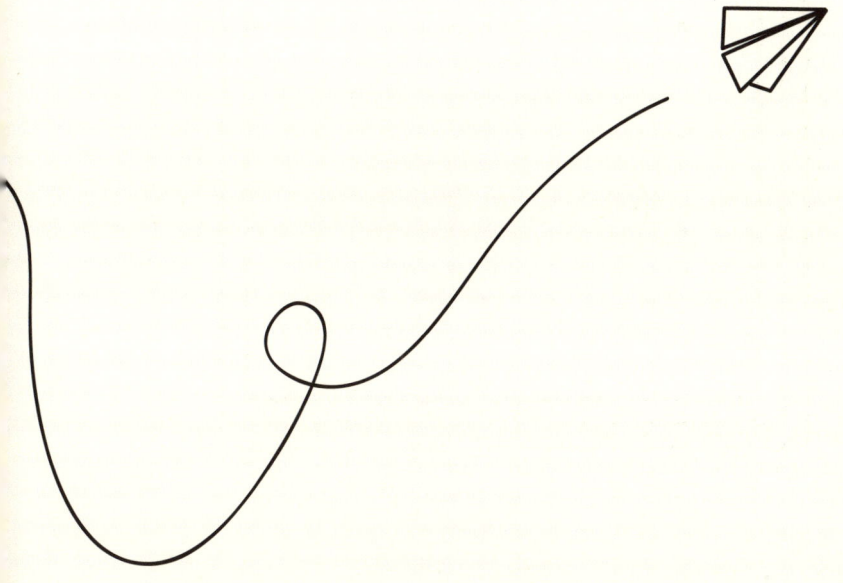

인생에서 진짜 비극은
천재적인 재능을
타고나지 못한 것이 아니라,
이미 가지고 있는 강점을
제대로 활용하지 못하는 것이다.

_ 벤저민 프랭클린

오늘은 꿈담 프로젝트 두 번째 〈나를 알다〉 시간입니다. "인생은 B와 D 사이의 C다." 프랑스의 철학자인 장 폴 샤르트르가 한 유명한 말이죠. B는 Birth, D는 Death, C는 Choice. "인생은 탄생과 죽음 사이의 선택이다!" 우리는 태어나서 생을 마감하는 순간까지 선택의 연속 속에 살아가죠. '오늘 무엇을 먹을까?' 같은 우리가 살아가면서 매일 하는 작은 선택에서도 내가 선호하는 것이 무엇인지, 필요한 것이 무엇인지 알고 있느냐에 따라 선택의 만족도는 달라질 수 있겠죠. 수많은 선택을 하며 살아가는 데 자신에 대해 잘 알지 못하거나 알아차리지 못한다면 수많은 갈림길 속에서 우리는 헤맬 수밖에 없을 겁니다. 수많은 선택의 순간에서 내가 어떤 사람인지, 무엇을 좋아하고 싫어하는지, 어떤 감정을 느끼는지, 그리고 자신의 강점과 약점이 무엇인지 안다면 빠르게 결정하고 나아갈 수 있겠죠. 자기 이해란 내가 기쁘거나 슬플 때 그 감정을 잘 알아차리는 감정인식과 내가 어떤 것을 좋아하고 어떤 것을 싫어하는지 아는 선호와 관심, 그리고 내가 잘하는 것과 좀 더 노력해야 하는 것을 이해하는 강점과 약점들을 아는 것입니다. 한마디로 '자기 자신을 명확히 인식하고 이해하는 과정'입니다.

자기 이해를 통해 진로설계를 하는 예를 들어볼게요. 미술을 공부하는 A, B 두 학생이 있다고 합시다.

A라고 하는 친구는 평소 그림 그리기를 좋아하고, 친구들에게 자주 그림을 보여주며 잘한다는 평가를 받기도 하고 상도 받았어요. 자기 이해가 잘 되어 있는 A학생은 이러한 강점을 바탕으로 미술 분야에서 진로를 탐색하기로 결정해요. 반면, B라는 학생은 어릴 적 그림 그리는 것을 본 부모님의 권유로 그림을 그렸고 진학을 위한 미술공부를 선택해요. 결국 B학생은 미술공부를 하다가 스트레스를 많이 받아 다른 과로 전과를 했어요. B학생은 자신이 무엇을 좋아하고 잘하는지를 모른 채 부모님의 권유에 따랐기 때문이지요.

이렇듯 자기 이해가 있으면 진로를 선택함에 있어서도 자신에게 맞는 더 나은 선택을 할 수 있어요. 또한 자신이 무엇을 좋아하고 싫어하는지를 아느냐에 따라 친구와 함께 갈 장소나, 하고 싶은 활동을 결정할 때도 선택에 주저함이 없겠죠. 자신의 감정을 잘 이해하기 때문에 기분이 좋지 않을 때도 그 원인을 찾고 적절히 대처해서 스트레스도 줄이고, 더 긍정적인 마음을 갖게 되고 유지할 수 있어요. 또 자기 이해가 높으면 다른 사람과 소통도 잘해서 자신이 가지고 있는 감정이나 생각을 잘 표현하고, 다른 사람의 감정도 잘 이해해서 사람들하고도 잘 지내고요. 자신의 강점과 약점을 잘 알면, 자신이 잘하는 것을 알고 잘하는 것을 하니 자신감도 생겨 더 잘하게 되고, 약점을 개선하기 위해 노력하면서 더 나은 나로 성장해 갈 수 있어요. 무엇보다 예를 들었던 것처럼 자기 이해를 통해 자신이 원하는 목표나 꿈을 명확히 할 수 있는데요. 어떤 분야에서 일하고 싶은지, 더 발전하고 싶은 부분은 무엇인지 알면 그에 맞는 계획을 세우기가 쉽고, 목표가 명확하니 행동하게 되고, 목표를 이루게 되는 것이죠.

자기 이해는 자신을 잘 이해해 더 행복하고 의미 있는 삶을 살아감에 있어 매우 중요하고 필수라고 할 수 있어요. 그래서 꿈을 찾거나 진로를 설계함에 있어 첫 시작은 자기 이해부터인 겁니다.

자기 이해를 하려면 스스로에게 질문하고 답하며 자신의 내면을 탐구하고, 객관적으로 분석하려는 노력이 필요해요. 일기를 쓰면서 성찰을 하거나, 가족이나 지인들에게 자신에 대한 이야기를 듣는 것도 도움이 되겠죠. 그리고 자신을 객관적으로 이해하기 위한 다양한 검사도구들도 있답니다.

이 도구들을 활용하면 자신을 더 잘 이해할 수 있어 진로를 설정하거나, 개인의 성장을 도모하는 데 매우 유용한데요. 각각의 도구들은 어떤 의미가 있는지를 알아야 어떤 도구를 이용해야 할지 선택할 수 있으니, 함께 알아보겠습니다.

수많은 자기 이해를 돕는 도구들이 있지만, 진로 설정에 필요한 성격, 흥미, 가치관, 역량 4가지 기준에 맞춰 잘 알려져 있는 대표적인 도구들을 먼저 살펴보죠.

성격유형 분석을 돕는 도구들

우선 성격유형을 분석하여 나를 이해하도록 돕는 대표적인 도구인 MBTI, DISC, PTS, 애니어그램(Enneagram)부터 소개하겠습니다.

MBTI(Myers-Briggs Type Indicator)는 누구나 한 번쯤 들어본 적이 있을 만큼 세계적으로 널리 사용되는 검사 도구로, 사람의 성격을 16가지 유형으로 분류합니다. 에너지의 방향에 따라 외향과 내향, 인식 기능에 따라 감각과 직관, 판단 기능에 따라 사고와 감정, 생활양식에 따라 판단과 인식으로 나누고 네 가지 지표를 조합해 16가지 유형으로 분류하여 개인의 성격을 분석하는 거죠. MBTI는 브릭스와 그녀의 딸 마이어스가 칼 융의 심리 유형 이론을 바탕으로 심리적 선호를 나타내는 자기보고식 질문을 통해 사람들이 자신의 성격을 더 잘 이해하고 사회와 조화를 이루도록 돕고자 연구하고 정리한 도구로, 이를 활용해 우리는 자신의 강점과 약점을 인식할 수 있습니다. 나아가 자신을 좀 더 깊이 이해하고 타인과의 차이를 인정해 관계를 개선하는 데 도움을 받기도 하고, 자신의 진로와 직업, 학습 스타일 등을 선택함에 있어 더 나은 의사결정에서도 효과적으로 활용됩니다.

[16가지 성격 유형]

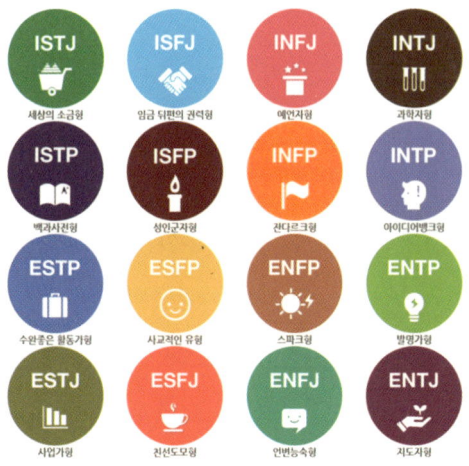

[사진 출처: 어세스타 온라인심리검사센터]

두 번째로 DISC는 개인의 성격과 행동 유형에 따라 Dominance(지배형), Influence(사교형), Steadiness(안정형), Conscientiousness(신중형)의 4가지 유형으로 분류합니다. DISC는 1928년 심리학자 윌리엄 몰튼 마스턴의 저서 《The Emotions of Normal People》에서 처음 소개되었어요. 마스턴은 인간의 행동을 이해하기 위해 감정과 행동 패턴을 연구했는데, 이후 워너 클라크가 이를 기반으로 지금 사용되는 DISC 검사를 개발해 조직과 개인의 성장 도구로 활용되기 시작했습니다. 다시 말해 DISC는 사람들의 성격에 따른 행동 패턴을 분석하여 자신과 타인의 상호작용 방식을 이해하도록 돕는 도구라고 할 수 있습니다. DISC를 활용하면 나의 성격과 행동 경향을 이해하고, 이를 기반으로 적합한 의사소통 방식을 선택해 구성원 간의 협력을 강화하고 갈등을 줄이는 등 학교, 직장, 가정 등 다양한 상황에 적용할 수 있습니다.

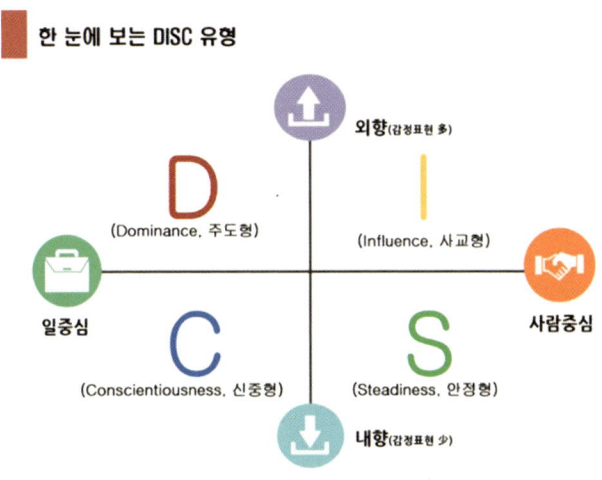

[출처: 데일리팝(www.dailypop.kr)]
사진 = 양천구건강가전·다문화가족지원센터X김은화]

세 번째로 애니어그램(Enneagram)은 인간의 성격을 1번 유형(개혁가), 2번 유형(조력가), 3번 유형(성취자), 4번 유형(예술가), 5번 유형(사색가), 6번 유형(충성가), 7번 유형(낙천가), 8번 유형(지도자), 9번 유형(중재자), 이렇게 총 9가지 유형으로 분류하여 심리적, 정서적 경향을 분석하는 도구입니다.애니어그램은 고대 그리스와 중동 지역의 철학과 신비주의 전통에서 유래했는데, 현재의 애니어그램 체계는 20세기 초 볼리비아의 철학자 오스카 이차조(Oscar Ichazo)에 의해 심리학과 결합해 현재의 9가지 성격 유형 모델로 정립되고, 클라우디오 나랑호(Claudio Naranjo)에 의해 확산되며 완성되었죠.

애니어그램(Enneagram) 도구를 활용하여 각 유형별로 가지고 있는 고유한 동기와 욕구를 살펴 자신과 타인의 내면을 깊이 이해할 수 있고, 심층적인 자기 탐구 및 내면의 동기를 분석하여 유형에 따른 변화와 성장을 위한 방향성을 제시해 자기를 성찰하고 강화하는 효과를 얻을 수 있습니다.

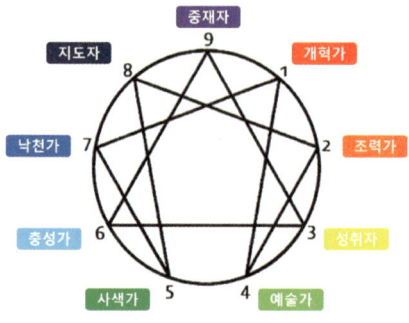

[애니어그램 9유형 이미지. 출처: 나무위키]

마지막으로 소개할 성격 분석 도구는 PTS(Psychological Type Searching)인데요. PTS(Psychological Type Searching)는 칼 구스타프 융(C. G. Jung)의 심리학적 유형론과 지그문트 프로이트(Sigmund Freud)의 지형 이론, 데니슨(Denison)의 조직문화 이론을 근거로 ㈜인컬리지에서 개발한 심리유형 분석 도구입니다.

PTS에서는 인간의 심리영역을 칼 융이 언급한 외향(E)-내향(I), 감각(S)-직관(N), 사고(T)-감정(F)의 척도와 데니슨의 조직문화 모형의 '안정-유연'을 수정·변안한 계획(J)-적응(P)의 척도 그리고 신경증 척도를 수정·보완한 완화(R)-긴장(T)의 정서반응 척도의 조합에 따라 총 32가지 심리유형으로 분류 분석할 수 있습니다.

융의 이론에 근거를 두고 있어 MBTI와 유사한 부분도 있지만, PTS의 경우 각 지표별 차별성을 탐색하고 심리다이아 모형을 활용한 마인드 플레이를 통해 자신의 심리를 심층적 이해하도록 도와줍니다. 나아가 상황과 환경에 따른 성격의 변화를 인식하고 기질과 환경을 포괄하여 개인의 심리유형을 개별화 인식하도록 활용, 성격이나 기질, 심리유형을 결정하고 판단하는 것이 아닌, 자신의 심리적 경향을 지속적으로 탐색할 수 있도록 보조하고 촉진하는 도구입니다.

[출처: (주)인컬리지 심리유형탐색도구 PTS]

　　나를 이해하도록 돕는 도구들은 이처럼 다양하지요. 자신에 대한 성찰을 통해 나를 들여다보며 나에게 맞는 진로를 찾아가는 과정에서 적절한 성격유형 검사 도구를 활용해 자기 이해를 위한 분석을 해보고 싶다면 아래의 사이트를 활용하고, 결과 해석까지 자세히 알아보고 싶을 땐 전문가의 도움을 받아

보는 것을 추천합니다.
- ■ MBTI 검사 사이트 https://saram.assesta.com
- ■ DISC 검사 사이트 https://testmoa.com/disc-test
- ■ 애니어그램 검사 사이트 https://enneagram-personality.com
- ■ 심리유형 검사 사이트 https://www.hcpts.net

흥미유형 분석을 돕는 도구

이번엔 자신의 진로직업 흥미를 분석해 삶의 방향과 직업을 선택하는 기준을 세울 수 있도록 돕는 도구인 [홀랜드 유형 검사]를 살펴볼게요.

홀랜드 유형 검사(Holland Code)는 개인의 흥미와 적성을 바탕으로 적합한 직업을 탐색하는 도구입니다.

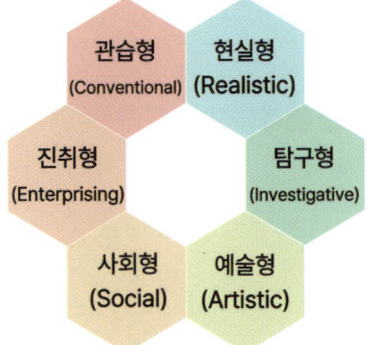

검사 결과는 6가지 RIASEC 유형(실제형, 탐구형, 예술형, 사회형, 설득형, 관습형)으로 나타내는데요.

1959년 미국의 심리학자 존 홀랜드의 연구로 진로 상담 분야에서 표준 도구로 자리 잡았습니다.

홀랜드 유형 검사는 유형에 따른 특징과 자신의 흥미를 구체적으로 인식하고, 자신의 흥미와 직업 환경이 조화를 이루어 진로 직업 활동에서 더 큰 만족과 성취를 이루도록 활용할 수 있답니다.

보다 구체적인 나에게 맞는 특징과 유형에 적합한 직업을 탐색하고 싶다면 아래의 사이트를 이용해 보아도 좋겠죠.

홀랜드 유형 검사 도구를 활용해 스스로를 더 깊이 이해하고, 더 나은 진로 선택과 성장을 이루는 데 길잡이가 되길 바랍니다.

■ 홀랜드 검사 사이트 https://www.work.go.kr

진로직업가치관 분석을 돕는 도구

이번엔 우리가 삶을 살아가며 중요하게 여기는 신념이나 의미인 가치관을 통해 진로를 선택하는 기준을 세우는 도구인 [진로직업가치관 검사]를 살펴볼게요.

진로직업가치관 검사는 진로를 선택함에 있어 중요하게 여기는 가치를 크게 9가지로 구분하여 자신의 진로직업가치의 우선순위를 알아볼 수 있는 도구입니다.

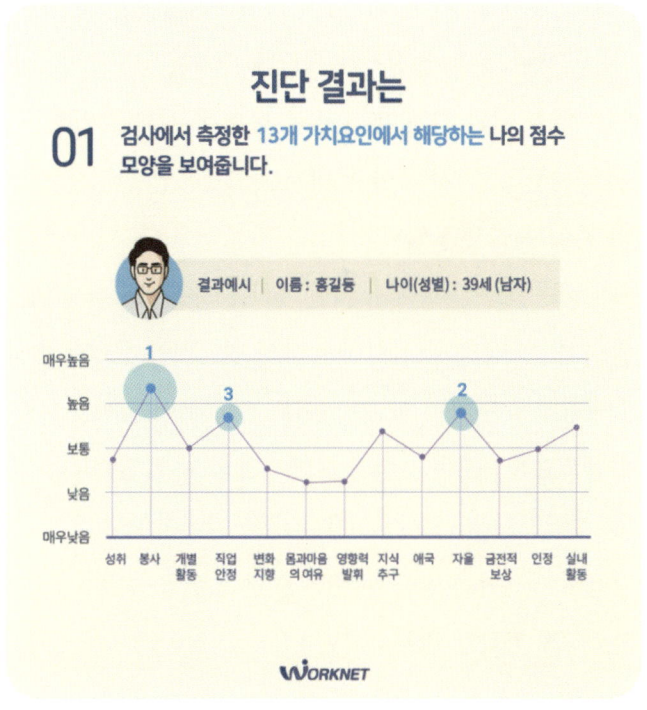

[사진 출처: 워크넷]

9가지 가치 중 첫 번째는 일을 통해 다른 사람이나 사회에 도움이 되는 것을 중시하는 '사회적 공헌', 두 번째는 고정되어 있지 않고 변화 가능한 것을 우선시하는 '변화 지향성', 세 번째는 자신이 세운 목표를 이루고 달성해 나가는 것을 최고로 여기는 '성취', 네 번째는 일에 대한 정당한 대가로서의 돈을 중시하는 '경제적 보상'입니다. 다섯 번째는 진로활동을 통해 지식, 기술, 능력 등을 발전시켜 성장해 나가는 '자기개발', 여섯 번째는 '일과 삶의 균형'이고, 일곱 번째는 '사회적 인정', 여덟 번째는 '자율성', 마지막 아홉 번째는 오랫동안 안정적으로 일할 수 있는 '직업 안정'입니다.

우리는 이 도구를 통해서 어떤 가치를 가장 중요하게 여기는지 알아볼 수 있고, 우선순위에 따라 진로직업 선택과 의사결정의 방향성을 명확히 할 수 있어요. 가치관이 명확할수록 직업의 만족도가 높으며 사명감을 가지고 일할 수 있습니다.

진로직업가치관 검사는 고용24 사이트에서 청소년, 성인으로 구분되어 진단을 받을 수 진단을 받을 수 있습니다.

■ 진로직업 가치관 검사사이트 https://www.work.go.kr/jobMain.do

자기역량을 분석하는 도구들

우리가 즐기는 취미나 활동 속에서 또 주변 사람들이 자주 물어보는 질문이나 요청을 통해서도 우리는 강점을 발견할 수 있는데, 그것을 위해서는 스스로에게 몇 가지 질문을 던져보는 것이 유용하기에 질문을 드려보겠습니다.

평소 나는 무엇을 할 때 가장 즐거운가요?
살면서 가장 자랑스러웠던 순간은 언제인가요?
주변 사람들이 나에게 어떤 도움을 가장 많이 요청하나요?
사람들은 나에게 어떤 질문을 가장 많이 하나요?
시간 가는 줄 모르고 몰입하는 일이 있나요?
계속해서 뭔가를 배우고 싶은 주제가 있나요?

이러한 질문들을 통해 자기 자신을 더욱 깊이 이해할 수 있지만, 보다 객관적인 평가 도구를 활용할 수 있도록 자기 역량을 알아보는 대표적인 도구인 다중지능, 스트랭스파인더, 휴먼인큐베이터를 소개할게요.

다중지능검사는 하워드 가드너(Howard Gardner)가 제안한 다중 지능 이론(Multiple Intelligences Theory)을 바탕으로 8가지의 다중지능 중 강점과 약점지능을 알아보는 도구입니다.

8개의 지능으로는 언어지능(Linguistic Intelligence), 논리수학지능(Logical-Mathematical Intelligence), 공간지능(Spatial Intelligence), 신체운동지능(Bodily-Kinesthetic Intelligence), 음악지능(Musical Intelligence), 대인관계지능(Interpersonal Intelligence), 자기성찰지능(Intrapersonal Intelligence), 자연지능(Naturalistic Intelligence)이 있습니다.

누구나 강점과 약점이 있기 마련이고, 강점은 개발하고 약점은 보완해서 각자가 가지고 있는 가능성을 극대화 시킬 수 있습니다.

두 번째는 스트렝스 파인더입니다.

갤럽이 개발한 스트렝스 파인더는 사람의 강점을 실행력, 대인관계 구축, 전략적 사고력, 영향력으로 나눠진 4가지 영역 안에 34개의 테마로 나눠 자신의 대표적인 강점이 무엇인지 찾아주는 도구입니다. 스트렝스 파인더 34가지 테마는 개발자(Developer), 개인화(Individualization), 경쟁(Competition), 공감(Empathy), 공평(Fairess), 관계자(Relator), 긍정성(Positivity), 매력(Woo), 맥락(Context), 명령(Command), 미래지향(Futuristic), 복구자(Restorative), 분석가(Analytical), 사고(Intellection), 성취자(Achiever), 신념(Belief), 신중함(Deliberative), 연결성(Connectedness), 의사소통(Communication), 자기확신(Self-assurance), 적응력(Adaptability), 전략(Strategic), 조정자(Arranger), 조화(Harmony), 중요성(Signiticance), 질서(Discipline), 착상(Ideation), 책임(Responsibility), 초점(Focus), 최상주의자(Maximizer), 탐구심(Input), 포괄성(Inclusiveness), 학습자(Learner), 행동주의자(Activator)이며, 스트렝스 파인더 진단을 통해 나의 강점을 어떻게 일과 삶에 활용할지 알 수 있고, 진로를 설계할 때 구체적인 방향성을 찾도록 도와줍니다.

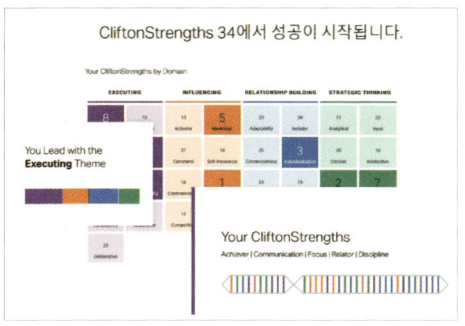

[이미지 출처 : 스트렝스파인더 2.0 | KO – 갤럽]

마지막으로 휴먼인큐베이터를 소개해 드릴게요. 휴먼인큐베이터는 너새니얼 브랜든의 자존감이론과 하워드 가드너의 다중지능이론, 버지니어 사티어의 가족관계치료론, 에릭 번의 TA교류분석이론을 바탕으로 만들어진 융합형자질진단도구입니다.

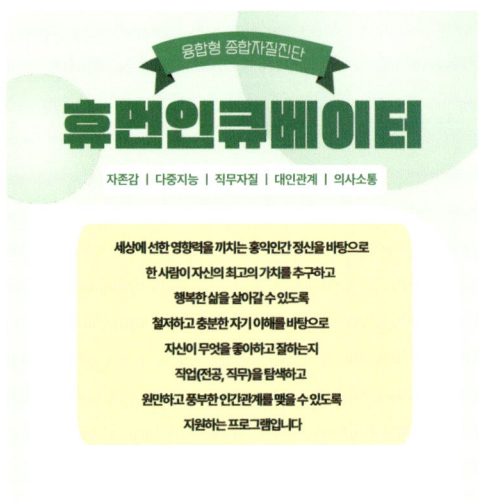

과거 영역에 해당하는 자존감, 현재 영역에 해당하는 직무자질, 미래 영역에 해당하는 대인관계를 진단하여 스스로 계획을 세우고 결정하는 삶을 살고 있는지, 또 본인이 좋아하고 잘하는 것을 찾아 진로를 선택하고 사회적으로 원만한 친구관계를 통해서 행복한 삶을 살고 있는지 알아볼 수 있습니다.

자존감, 직무자질, 대인관계 3가지를 서로 연결하여 해석해 자신의 강점과 약점을 알아볼 수 있는 휴먼인큐베이터 진단을 원하시는 경우 사이트를 활용해 보세요.

- ■ 다중지능 검사 사이트 www.career.go.kr
- ■ 스트렝스파인더 검사 사이트 www.gallup.com
- ■ 휴먼인큐베이터 검사 사이트 https://link24.kr/3YDS2Yq

조하리의 창으로 보는 나

지금까지 미래를 설계하는 진로 설정에 필요한 성격, 흥미, 가치관, 역량 4가지 기준의 대표적인 도구들을 알아봤습니다. 검사 도구를 통한 객관적인 지표로 자신의 특성이나 능력을 파악해 개인 역량을 강화하고, 목표를 달성하여 성장과 발전에 긍정적인 영향이 되길 바라며, 간단히 자기분석 활동지를 활용하여 나를 깊이 알아보는 활동을 함께 해보도록 하겠습니다.

우리가 함께 활동해 볼 도구는 1950년대에 미국의 심리학자 조셉 루프트(Joseph Luft)와 해링턴 잉햄(Harrington Ingham)이 개발한 모델로, 그들의 이름 Joseph과 Harrington를 결합하여 조하리의 창(Johari's Windows)으로 불리는 검사인데, 나와 타인의 관계 속에서 내 모습을 분석해 정리하고 인식하도록 도와 자기

개발에 활용할 수 있습니다.

조하리의 창(Johari's Windows)을 통해 자기를 분석하는 방법은 두 가지로 진행되는데요. 하나는 사람의 특징을 나타내는 형용사들을 사용하여 개인이 자신에 대해 어떻게 생각하는지, 그리고 타인이 그 개인에 대해 어떻게 생각하는지를 찾아 개인의 성격, 행동, 태도 등을 인식하고 정리하도록 돕습니다. 제시된 57개 형용사를 가지고 직접 테스트를 하는 것으로 자신이 선택한 6개의 형용사, 그리고 타인이 선택한 6개의 형용사를 2×2 매트릭스의 조하리 창에 집어넣어 내가 생각하는 나와 관계 속에서의 나를 찾아 자신의 성장을 위해 필요한 것은 무엇일지, 부족한 부분이 있다면 어떻게 극복해야 하는지 등에 대한 답을 찾아보는 겁니다.

다른 하나는 진단항목을 체크하고, 피드백의 영역인 짝수 문항과 자아의 영역인 홀수 문항 점수를 합산해 자아 점수는 세로축에, 피드백 점수는 가로축에 점을 찍은 다음, 두 점수가 만나도록 선을 그어서 마음의 창 모양인 사분면을 만들어 자신의 관계 속 현 상태를 파악하는 겁니다.

사람마다 마음의 창 모양이 다른데요. 개인이 인간관계에서 나타내는 자기 공개와 피드백의 정도에 따라 마음의 창을 구성하는 4개 영역의 넓이가 달라지기 때문입니다. 이렇게 조하리의 창 검사 방법을 통해 우리는 자신의 모습을 보다 객관적으로 인식할 수 있으며, 조직 내에서 나의 관계유형을 파악해 부족한 부분을 채워 성장할 수 있으니, 제시된 활동지를 활용해 함께 연습해 보도록 하죠.

사람의 성격을 표현하는 형용사					
adaptable (적응력 있는)	able (능력 있는)	ambivert (양극성의)	accepting (수용하는)	bold (대담한)	calm (침착한)
cheerful (명랑한)	clever (영리한)	caring (배려하는)	congenial (기분 좋은)	complex (복잡한)	confident (자신감 있는)
dependable (신뢰할 수 있는)	dignified (위엄 있는)	energetic (활기찬)	extrovert (외향적인)	friendly (친절한)	giving (베푸는)
happy (행복한)	helpful (도움이 되는)	idealistic (이상주의적인)	independent (독립적인)	ingenious (독창적인)	intelligent (지적인)
introvert (내향적인)	kind (친절한)	knowledgeable (지식이 많은)	logical (논리적인)	loving (사랑하는)	mature (성숙한)
modest (겸손한)	nervous (신경질적인)	observant (관찰력 있는)	optimistic (낙관적인)	organized (체계적인)	patient (인내심 있는)
powerful (강력한)	proud (자랑스러운)	aggressive (공격적인)	reflective (성찰적인)	relaxed (편안한)	religious (종교적인)
responsive (반응하는)	searching (탐색하는)	self-assertive (자기주장 강한)	self-conscious (자각하는)	sensible (이치에 맞는)	sentimental (감성적인)
shy (수줍은)	silly (어리석은)	smart (똑똑한)	spontaneous (자발적인)	sympathetic (공감하는)	tense (긴장된)
enthusiastic (열정적인)	trustworthy (믿을 만한)	warm (따뜻한)	wise (지혜로운)	attentive (주의 깊은)	curious (호기심 많은)

먼저 주어진 형용사 표에서 나와 가장 가깝게 느껴지거나, 나를 가장 잘 표현하는 단어를 6개 찾아 표시합니다. 이어서 나의 주변 사람들에게도 형용사 표를 주며 똑같은 방법으로

나를 잘 표현하는 형용사 6개를 골라 표시해 달라고 합니다.

가능하면 가족, 함께 일하는 동료들, 친구 등 다양한 영역에서 만나는 사람들을 대상으로 진행하면 좋습니다. 거리가 멀다면 형용사표를 사진 찍어 보내주고 골라달라고 부탁해도 괜찮겠죠.

이 과정을 통해 수집된 형용사들을 이제는 조하리의 창 활동지 각 사분면에 나누어 배치를 해봅니다.

조하리의 창(Johari's Windows)		
	자신이 아는 나	자신이 모르는 나
타인이 아는 나	열린 창 (open area) 나도 알고 타인도 아는 나	보이지 않는 창 (blind area) 나는 모르는데 타인은 아는 나
타인이 모르는 나	숨겨진 창 (hidden area) 나는 아는데 타인은 모르는 나	미지의 창 (unknown area) 나는 모르고 타인도 모르는 나

예를 들어, 내가 선택한 단어가 '침착한', '체계적인', '신뢰할 수 있는', '인내심 있는', '논리적인', '탐색하는'이고, 지인들이 선택해 준 단어가 '자신감 있는', '논리적인', '신뢰할 수 있는', '도움이 되는', '활기찬', '탐색하는', '적응력 있는', '논리적인', '관찰력 있는'이라고 할 때, 나도 선택하고 타인도 선택한 형용사는 1사분면인 '열린 창'에 배치하고, 다른 사람은 선택했는

데 나는 선택하지 않은 형용사는 2사분면인 '보이지 않는 창', 나는 선택했는데 타인은 선택하지 않은 형용사는 3사분면인 '숨겨진 창'에 배치를 하는 거죠. 마지막으로 4사분면인 '미지의 창'에는 선택되지 않은 형용사 중 나에게 필요하다고 생각되는 형용사를 3개 정도 선택해 적어 줍니다.

예] 조하리의 창(Johari's Windows)		
	자신이 아는 나	자신이 모르는 나
타인이 아는 나	열린 창 (open area) 논리적인 신뢰할 수 있는 탐색하는	보이지 않는 창 (blind area) 자신감 있는 도움이 되는 활기찬 적응력 있는 관찰력 있는
타인이 모르는 나	숨겨진 창 (hidden area) 침착한 체계적인 인내심 있는	미지의 창 (unknown area) 공감하는 독립적인 지혜로운

그러면 위의 예시와 같은 조하리의 창이 만들어지겠죠.

이번엔 두 번째 활동인 진단지를 활용해 조하리의 창의 사분면의 크기를 확인해 보도록 하겠습니다.

다음 진단지의 각 항목별 점수를 체크하고, 짝수 문항과 홀수 문항의 점수를 합산해 조하리의 창에 각각의 점수를 표시해 연결하여 주세요.

1	3	5	7	9
전혀 아니다	아니다	보통이다	그렇다	매우 그렇다

	내용	점수
1	나는 잘 몰랐을 경우 이를 바로 인정한다.	3
2	나는 납득하기 어려운 지시를 받을 경우, 지시한 이유를 물어본다.	5
3	나는 다른 사람의 잘못을 지적할 필요가 있을 때에는 직접 말을 한다.	1
4	나의 의견에 대해 남들이 어떻게 생각하는지 물어본다.	7
5	나의 느낌을 솔직하게 표현한다.	1
6	다른 사람의 감정을 존중한다.	3
7	나는 걱정거리가 생길 경우, 터놓고 이야기한다.	5
8	나 혼자 이야기를 계속하여 남을 짜증 나게 하지 않는다.	5
9	남의 의견이 나와 다를 경우, 나의 생각을 말하고 함께 검토해 본다.	5
10	나는 아이디어를 권장하고 대화를 독단적으로 끌고 가지 않는다.	3
11	내 잘못을 숨기거나 남의 탓으로 돌리지 않는다.	3
12	다른 사람의 충고를 잘 받아들인다.	5
13	달가운 일이 아닐지라도 남들이 알아야 할 사항이라면 알려준다.	1
14	진심으로 남의 이야기를 들어준다.	7
15	말하기 거북한 내용을 거리낌 없이 말한다.	1
16	나는 변명을 하지 않고 비판에 귀를 기울인다.	3
17	나는 있는 그대로를 나타내며, 가식이 없는 편이다.	5
18	나에게 찬성하지 않는다고 남의 마음을 상하게 하지 않는다.	9
19	나는 확신하는 것을 굽히지 않고 말한다.	5
20	나는 다른 사람들에게 그들이 생각을 발표하도록 권장한다.	9

1	3	5	7	9	11	13	15	17	19	합계 [M]
3	1	1	5	5	3	1	1	5	5	30
2	4	6	8	10	12	14	16	18	20	합계 [Y]
5	7	3	5	3	9	7	3	9	9	60

예를 들어, 홀수 문항의 합계가 30점이고 짝수 문항의 합계가 60이라면, 아래의 예시같이 사분면이 만들어지고, 그 안에 앞서 진행한 형용사 배치를 올려 최종 결과를 확인할 수 있습니다.

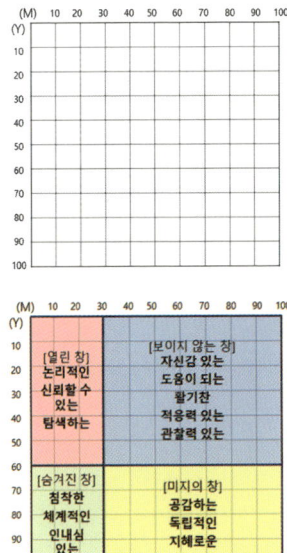

조하리의 창 검사 결과를 통해 우리가 살펴볼 수 있는 부분은 무엇이 있는지 예시를 통해 정리해 볼게요.

검사지를 통해 나온 결과를 연결해 사분면을 만들고, 각각의 사분면에 나와 지인들이 선택해 준 성격단어들을 배치하면 이렇게 개인의 특성을 보여주는 네 영역을 확인할 수 있는데요.

다시 정리하면 다음과 같습니다. 첫째, 열린 창(open area)은 나도 알고 있고 다른 사람에게도 알려져 있는 나에 관한 정보를 의미하니, 결과 예시를 참고한다면 나는 논리적으로 탐색하는 신뢰할 수 있는 사람이라고 정의 내릴 수 있는 거죠.

둘째, 보이지 않는 창(blind area)은 나는 모르지만, 다른 사람은 알고 있는 나의 정보로 나의 이상한 행동습관, 특이한 말버릇, 독특한 성격과 같이 '남들은 알고 있지만 자신은 모르는 자신의 모습'이 반영되는 것입니다. 결과 예시로 살펴볼 때, 활기차고 적응을 잘하며 주변을 잘 관찰해 도움이 되는 자신감 있는 사람이라 말할 수 있겠네요.

셋째, 숨겨진 창(hidden area)은 나는 알고 있지만, 다른 사람에게는 알려지지 않은 정보. 다시 말해 나의 약점이나 비밀처럼 다른 사람에게 숨기고 있는 혹은 숨기고 싶은 나의 일부분이라 할 수 있습니다. 예시로 풀어 볼 때, 나는 체계를 중시하고 침착하게 인내하는 모습을 가지고 있는데요. 이 부분이 약점으로 작용한다면 나만의 체계를 중시해 타인에게도 자신의 체계를 적용하고, 이로 인해 불만스러운 부분을 참아내려 애쓰기에 스트레스가 있는 것으로 해석되니, 이 부분을 극복하기 위해 나는 어떻게 해야 할까를 계획하는 것이 필요함을 알 수 있습니다.

마지막으로 미지의 창(unknown area)은 나도 모르고 다른 사람도 알지 못하는 나의 심층적이고 무의식적인 세계라고 할 수 있습니다. 자신도 모르는 부분이 미지의 영역이지만, 자신의 행동과 정신세계에 대한 지속적인 관심과 관찰을 통해서 이 부분은 자신에게 의식될 수 있고, 그렇기에 무궁한 발전과 개발 가능한 잠재성도 함께 갖고 있는 부분이죠. 그래서 미지의 창 영역에 숨겨진 창에서 찾아낸 나의 약점을 보완하기 위해 나에게 필요하다고 생각되는 부분이나, 내가 동경하고 지향하는 부분을 적어 자기개발 계획을 세우고, 실행을 통해 잠재력을 키우고 성장할 수 있도록 도울 수 있습니다.

이번엔 진단지 결과를 통해 다양하게 나타나는 창 모양 중 어떤 영역이 가장 넓은가에 따라 사회적 관계 속 모습을 4가지 유형으로 구분해 살펴보겠습니다.

첫째 유형은 개방형으로서 공개적 영역인 열린 창이 가장 넓은 경우입니다. 개방형은 대체로 인간관계가 원만한 사람들로 적절하게 자기표현을 잘할 뿐만 아니라, 다른 사람의 말도 잘 경청할 줄 아는, 다른 사람에게 호감과 친밀감을 주는 장점을 가지고 있습니다. 그러나 지나치게 개방적이면 말이 많고, 주책스럽거나 경박한 사람으로 비쳐질 수도 있으니 주의가 필요하겠죠.

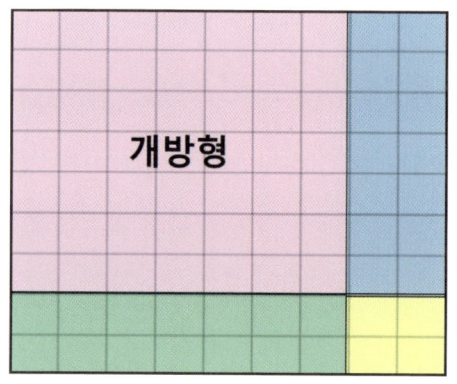

둘째 유형은 보이지 않는 창이 가장 넓은 자기주장형입니다. 조하리의 창 검사 결과 예시의 경우가 이에 해당되겠네요. 이들은 자신의 기분이나 의견을 잘 표현하며, 나름대로의 자신감을 지닌 솔직하고 시원시원한 사람일 수 있지만, 다른 사람의 반응에 무관심하거나 둔감하여 때로는 독단적이며 독선적인 모습으로 비쳐질 수 있기 때문에, 자기주장형은 다른 사람의 말에 좀 더 진지하게 귀를 기울이는 노력이 필요합니다.

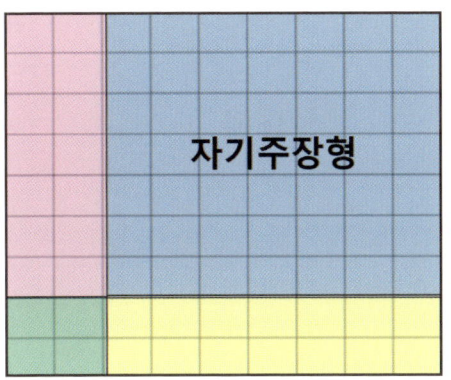

 셋째 유형은 신중형으로서 숨겨진 창이 가장 넓은 사람입니다. 신중형의 사람들은 다른 사람에 대해서 수용적이며, 속이 깊고 신중해 다른 사람의 이야기는 잘 경청하지만, 자신의 이야기는 잘 하지 않습니다. 이들 중에는 자신의 속마음을 잘 드러내지 않는, 속을 알 수 없는 크렘린형의 사람이 많으며, 계산적이고 실리적인 경향이 있고, 잘 적응하지만 내면적으로 고독감을 느끼는 경우가 많아 자기개방을 통해 다른 사람과 좀 더 넓고 깊이 있는 교류를 가질 필요가 있습니다.

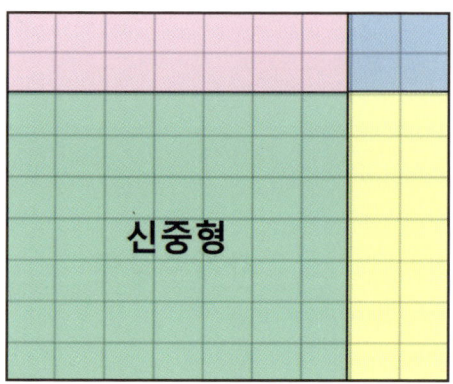

 마지막으로 미지의 영역이 가장 넓은 고립형인데요. 이들은 인간관계에 소극적이며 혼자 있는 것을 좋아하는 사람이라고 말할 수 있습니다. 고립형의 경우 다른 사람과 접촉하는 것을 불편해하거나 무관심하여 고립된 생활을 하는 경우가 많고, 고집이 세고 주관이 지나치게 강한 사람, 심리적인 고민으로 부적응적인 삶을 살아가는 사람들도 있는데요. 그렇기에 타인과의 관계에 긍정적인 태도를 가질 수 있도록 공통의 관심사를 가진 소수의 사람들과 관계를 시작해 보는 것도 도움이 될 수 있습니다.

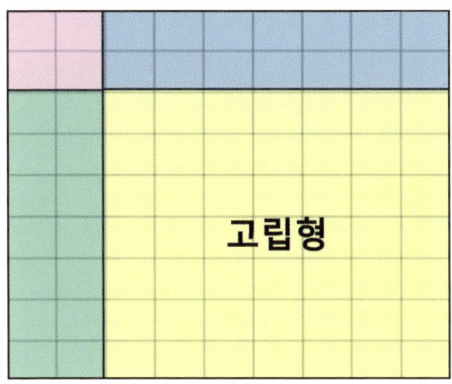

　일반적으로 열린 자아의 영역이 넓을수록 자아도 건강하고, 타인과의 관계도 건강하기에 타인과의 관계 개선을 위해서는 미지의 영역을 줄이고 공개적 영역을 넓히는 것이 바람직하다고 이야기합니다. 하지만 일반적인 것이 모두에게 좋다고만 이야기할 수는 없겠죠. 그럼에도 우리가 살아가는 과정은 혼자 걷는 길이 아니기에, 나를 다른 사람에게 내보이는 일은 중요합니다. 이를 우리는 자기공개(self-disclosure)라고 하며, 이러한 자기개방의 정도는 인간관계를 심화시키는 중요한 요인으로 작용하기도 하죠.

　자신을 다른 사람에게 내보이는 것은 사람마다 차이가 있겠지만, 삶 속의 관계에서 다른 사람들이 나에 대해 어떻게 느끼고 있는지를 잘 아는 일은 나의 진로를 결정하는 데 있어서도 영향력을 갖기에, 조하리의 창을 통해 나를 살피고 관계 속에서의 내 모습을 정리하는 과정이 필요합니다.

'타인은 나를 비춰주는 사회적 거울(social mirror)'이라는 말이 있듯이 다른 사람들을 통해 나의 모습을 비춰보고, 나에 대한 피드백(feedback)을 얻음으로써 우리는 자기 이해가 깊어지고, 자신의 행동에 대한 조절능력이 커져 내가 그리고 나아가고자 하는 삶의 방향에 더 가까워질 수 있을 것입니다.

지금까지 자기 이해의 의미와 중요성, 그리고 자기 이해를 돕는 도구들을 소개하고, 조하리의 창을 활용해 나를 이해하는 시간을 가져보았습니다.

"인생에서 진짜 비극은 천재적인 재능을 타고나지 못한 것이 아니라, 이미 가지고 있는 강점을 제대로 활용하지 못하는 것이다."라는 벤저민 프랭클린의 말처럼, 우리는 각자 무한한 잠재력을 지니고 있지만 그것을 모르고 활용하지 못하고 살아가고 있습니다. 자기 이해는 단순한 자기 탐색을 넘어 더 나은 삶, 행복한 삶으로 나아가는 여정이기에, 우리는 끊임없이 자신을 돌아보고, 이해하려는 노력을 해야 합니다.

나를 안다는 것은 내 안에 있는 진정한 빛을 발견하고 잠재적 가능성을 키우는 첫걸음임을 잊지 마세요.

핵심포인트

2강. 나를 알다

나를 아는 것은 진로와 꿈을 찾는 출발점입니다. 내 감정, 흥미, 성격, 가치관을 이해하면 진짜 나에게 어울리는 꿈을 설정할 수 있고, 그 꿈을 이루는 과정에서도 흔들리지 않고 자신만의 방향을 지켜나갈 수 있습니다. 결국 '나를 아는 힘'이 진로와 삶의 행복을 결정짓는 중요한 열쇠가 됩니다.

[방향을 설정하는 나침반의 역할]
수많은 가능성 중 나에게 맞는 길을 찾게 해줍니다.

[앞으로 나아가게 하는 동기 부여]
내가 진심으로 원하는 것을 알면 지속적인 추진력이 생깁니다.

[스스로를 알아차려 자기 수용]
자신의 특성을 인정하면서 현실적인 목표를 세울 수 있습니다.

[안성맞춤 현명한 선택하기]
유행이나 남의 시선을 따라가는 것이 아니라 나에게 맞는 진로를 설계할 수 있게 해줍니다.

"물은 자기 길을 알고 흐른다."
나를 아는 과정은 단순한 정보 수집이 아니라, 나를 존중하고 삶의 방향을 선택하는 힘이 됩니다. 진정한 '나'를 알고 외부 기준이 아닌 내 안의 기준에 맞춘 북극성을 찾아 그곳을 향한 첫 걸음을 내딛어 보세요.

실전 워크시트 2강

내 안의 숨은 나를 발견하는 시간

활동 방법 1 ▶ 1. 제시된 성격 형용사들을 읽고 나에게 해당되는 단어를 찾아 색칠하거나 동그라미 그리기
2. 가족이나 친구 등 지인들에게 제시된 성격 형용사 표를 보여주기
3. 지인이 보는 내 모습에 해당되는 단어를 선택하여 표에 색칠하기

사람의 성격을 표현하는 형용사					
adaptable (적응력 있는)	able (능력 있는)	ambivert (양극성의)	accepting (수용하는)	bold (대담한)	calm (침착한)
cheerful (명랑한)	clever (영리한)	caring (배려하는)	congenial (기분 좋은)	complex (복잡한)	confident (자신감 있는)
dependable (신뢰할 수 있는)	dignified (위엄 있는)	energetic (활기찬)	extrovert (외향적인)	friendly (친절한)	giving (베푸는)
happy (행복한)	helpful (도움이 되는)	idealistic (이상주의적인)	independent (독립적인)	ingenious (독창적인)	intelligent (지적인)
introvert (내향적인)	kind (친절한)	knowledgeable (지식이 많은)	logical (논리적인)	loving (사랑하는)	mature (성숙한)
modest (겸손한)	nervous (신경질적인)	observant (관찰력 있는)	optimistic (낙관적인)	organized (체계적인)	patient (인내심 있는)
powerful (강력한)	proud (자랑스러운)	aggressive (공격적인)	reflective (성찰적인)	relaxed (편안한)	religious (종교적인)
responsive (반응하는)	searching (탐색하는)	self-assertive (자기주장 강한)	self-conscious (자각하는)	sensible (이치에 맞는)	sentimental (감성적인)
shy (수줍은)	silly (어리석은)	smart (똑똑한)	spontaneous (자발적인)	sympathetic (공감하는)	tense (긴장된)
enthusiastic (열정적인)	trustworthy (믿을 만한)	warm (따뜻한)	wise (지혜로운)	attentive (주의 깊은)	curious (호기심 많은)

활동방법 2 ▶ 1. 활동 1에서 수집한 단어들을 조하리의 창 4분면에 나누어 적어 배치하기
2. 열린 창에서는 나도 선택하고 지인도 선택한 단어 모두 적기
3. 보이지 않는 창에는 지인들만 적어준 성격형용사들을 배치하기
4. 숨겨진 창 부분엔 나만 선택한 단어들을 적기

	조하리의 창(Johari's Windows)	
	자신이 아는 나	자신이 모르는 나
타인이 아는 나	열린 창 (open area) 나도 알고 타인도 아는 나	보이지 않는 창 (blind area) 나는 모르는데 타인은 아는 나
타인이 모르는 나	숨겨진 창 (hidden area) 나는 아는데 타인은 모르는 나	미지의 창 (unknown area) 나는 모르고 타인도 모르는 나

활동방법 3 ▶ 조하리의 창 진단지 항목을 읽고 점수를 매겨 홀수 문항과 짝수 문항 점수 각각 합산하기

1	3	5	7	9
전혀 아니다	아니다	보통이다	그렇다	매우 그렇다

	내용	점수
1	나는 잘 몰랐을 경우 이를 바로 인정한다.	
2	나는 납득하기 어려운 지시를 받을 경우, 지시한 이유를 물어본다.	
3	나는 다른 사람의 잘못을 지적할 필요가 있을 때에는 직접 말을 한다.	
4	나의 의견에 대해 남들이 어떻게 생각하는지 물어본다.	
5	나의 느낌을 솔직하게 표현한다.	
6	다른 사람의 감정을 존중한다.	
7	나는 걱정거리가 생길 경우, 터놓고 이야기한다.	
8	나 혼자 이야기를 계속하여 남을 짜증 나게 하지 않는다.	
9	남의 의견이 나와 다를 경우, 나의 생각을 말하고 함께 검토해 본다.	
10	나는 아이디어를 권장하고 대화를 독단적으로 끌고 가지 않는다.	
11	내 잘못을 숨기거나 남의 탓으로 돌리지 않는다.	
12	다른 사람의 충고를 잘 받아들인다.	
13	달가운 일이 아닐지라도 남들이 알아야 할 사항이라면 알려준다.	
14	진심으로 남의 이야기를 들어준다.	
15	말하기 거북한 내용을 거리낌 없이 말한다.	
16	나는 변명을 하지 않고 비판에 귀를 기울인다.	
17	나는 있는 그대로를 나타내며, 가식이 없는 편이다.	
18	나에게 찬성하지 않는다고 남의 마음을 상하게 하지 않는다.	
19	나는 확신하는 것을 굽히지 않고 말한다.	
20	나는 다른 사람들에게 그들이 생각을 발표하도록 권장한다.	

1	3	5	7	9	11	13	15	17	19	합계[M]
2	4	6	8	10	12	14	16	18	20	합계[Y]

활동방법 4 ▶ 1. 조하리의 창 진단지를 통해 나온 홀수 문항의 점수를 가로축에 표시하기
2. 짝수 문항의 점수를 세로축에 표시하고 사분면의 크기를 나누기
3. 활동 2에서 정리해 둔 사분면의 단어들을 옮겨 적기

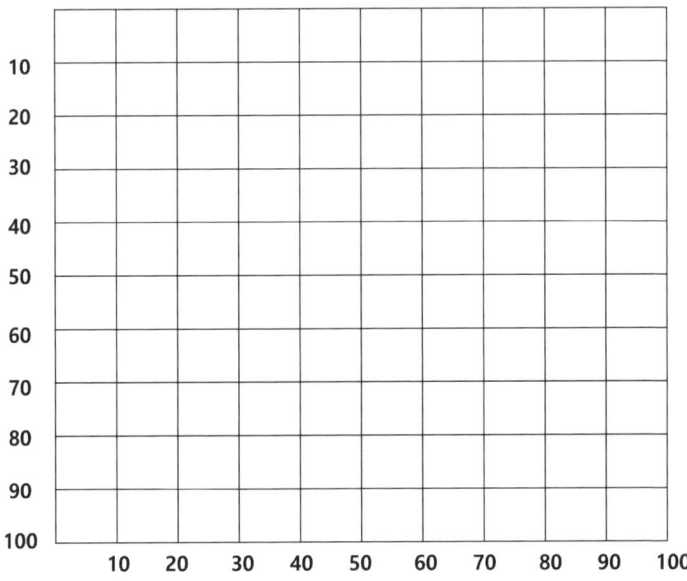

제 3 강

꿈을 찾다

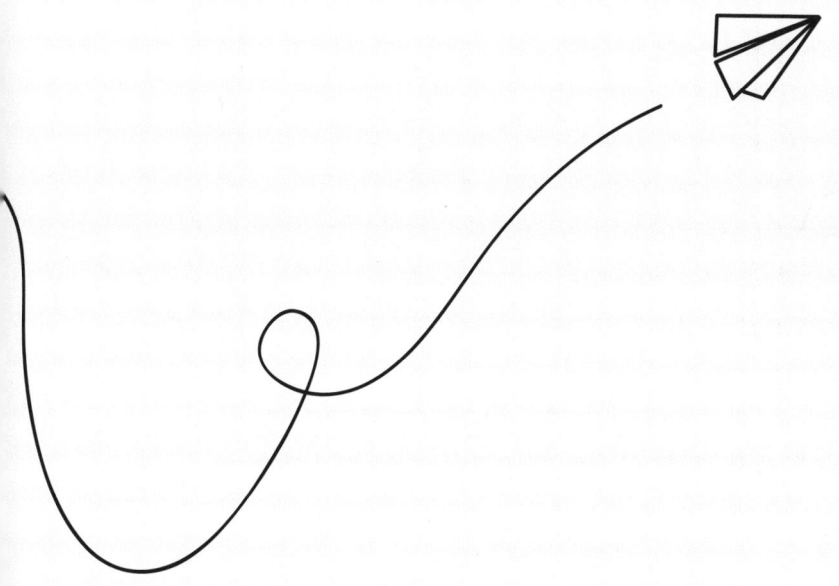

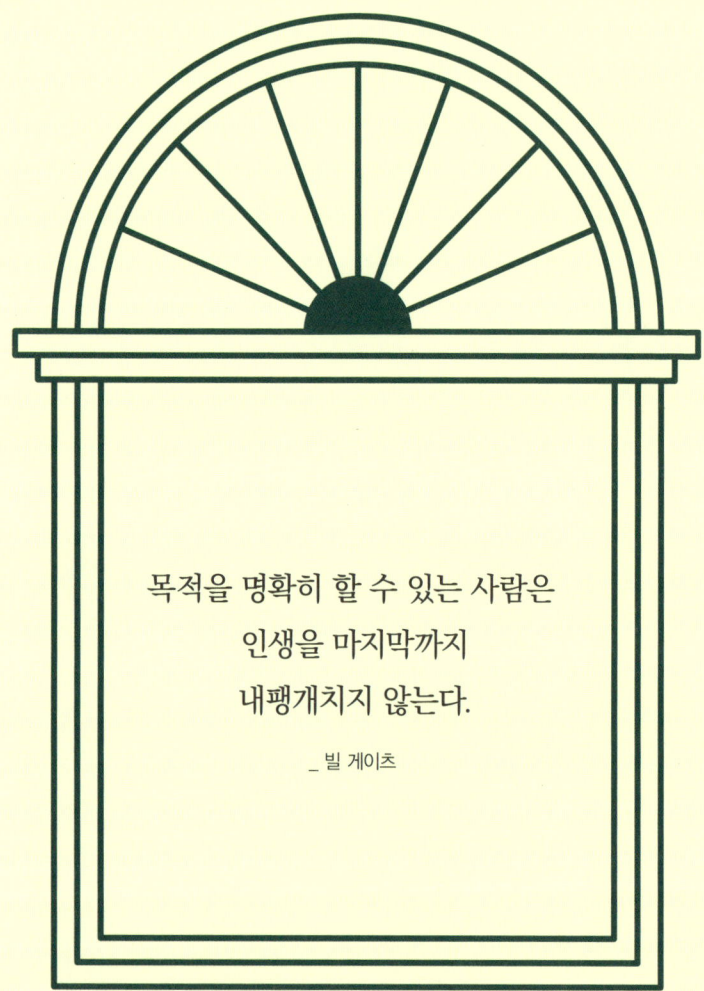

목적을 명확히 할 수 있는 사람은
인생을 마지막까지
내팽개치지 않는다.

_ 빌 게이츠

어느새 나를 돌아보고 꿈을 찾아 피우는 여정의 중반에 접어들었네요. 1강과 2강을 함께하며 나를 돌아보는 시간을 거쳤다면, 오늘은 꿈을 찾기 위해 한 발 내딛는 날입니다. 꿈담 프로젝트의 세 번째 강의, 나의 삶을 돌아보고 내가 원하는 것이 무엇인지 나의 니즈를 찾아보는 시간입니다.

여기 종이컵이 하나 있습니다. 당신은 이 종이컵으로 무엇을 할 수 있나요? 떠오르는 대로 편하게 이야기를 나눠보죠.

다음 활동지에 떠오르는 것들을 마인드 맵처럼 모두 적어볼까요? 몇 가지 활용법들이 떠올랐나요?

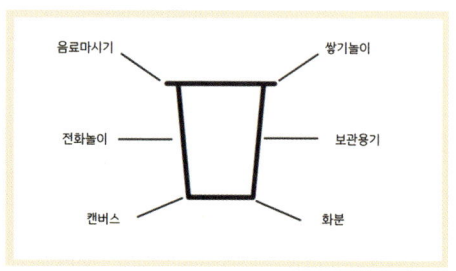

누구는 물이나 음료를 마실 때 사용한다고 하고, 누구는 컵 쌓기 그리고 전화놀이와 같이 장난감처럼 사용할 수 있다고 합니다. 또 그림을 그리는 캔버스로 쓸 수 있다는 사람도 있고, 무엇인가를 보관하는 용기로도 사용한다고 하더군요. 여러분도 이 중 비슷한 용도를 떠올리신 것이 있나요? 아마 처음 질문을 듣고는 주저 없이 '물 마실 때 사용한다!'라는 답을 떠올렸을 거예요. 하지만 계속되는 저의 질문에 또 다른 쓰임은 뭐가 있을까 생각하게 되고, 종이컵에 집중하며 자세히 들여다보게 되었을 겁니다.

간단하지만 지금까지 함께한 이 활동은 바로 우리가 나를 바라보고 진로를 바라보는 방법과 다르지 않습니다. 우리들은 보통 나를 바라보고 내 삶을 생각할 때, 나는 이런 사람이니 앞으로도 크게 바뀌지 않을 것이라 생각하거나, 지금의 현실에 안주하여 더 이상을 생각하지 않는 경우가 대부분이죠. 그러나 종이컵에 집중하고 자세히 들여다보며 생각을 계속하다 보면 다른 쓰임들을 찾아낼 수 있었던 것처럼, 나라는 사람에게 집중해서 진지하게 들여다보면, 내가 할 수 있는 것들과 내가 하고 싶은 것들이 무엇인지, 또 내가 앞으로 나아갈 방향은 어디인지 등 우리 안에 있는 다양한 가능성과 방향성을 찾아낼 수 있는 겁니다.

내 인생의 터닝 포인트

바로 오늘 우리가 함께 나누려는 이야기는 내 삶을 돌아보면서 내 안에 잠자고 있는 꿈을 찾는 것입니다. 제시된 활동지를 활용해 하나씩 함께하다 보면 어느새 우리는 삶의 방향을 세우고 있는 나를 발견하게 될 겁니다.

그럼 여러분께 다시 질문을 하나 드릴게요.

"나의 인생은 ○○하기 전과 후로 나뉜다."라는 문장에 각자 답을 채워 보시겠어요?

> "나의 인생은
>
> _____
>
> 　　　　　　　　　　　　　하기 전과 후로 나뉜다."

우리는 이런 순간을 인생의 터닝 포인트라고 이야기하기도 하는데요. 여러분의 삶에 있어 터닝 포인트는 언제였을까요? 여러분의 삶을 OO하기 전과 후로 나누어 본다면 OO에 들어갈 문장이나 단어는 무엇이 될까요? 스스로의 삶을 되짚어 생각해 보면서 활동지에 자신만의 답을 정리해 보세요.

저는 이 질문을 들었을 때 이렇게 대답을 했었습니다. "나의 인생은 아이를 낳기 전과 낳은 후로 나뉜다."라고요. 그만큼 저의 삶에 있어서 출산의 경험은 너무나 신기하고 모든 것이 새로웠습니다. 그리고 한 번도 생각해 본 적이 없는 새로운 변화를 가져 오기도 했죠. 삶의 주체가 바뀐다고까지 표현할 수 있는 엄청난 시간을 경험하게 했던 강력한 터닝 포인트였습니다.

여러분의 삶을 나누었던 터닝 포인트는 무엇이었을까요?

저처럼 딱 떠오르는 강력한 터닝 포인트가 있기도 하지만, 삶이라는 타임라인 위에 작은 점처럼 여러 개의 변곡점들이 찍어지는 분들도 계실 거라 생각되는데요. 지금부터 나의 삶을 돌아보며 이 점들을 찍어 보는 인생 그래프를 그려볼까 합니다.

인생 그래프는 살아온 나의 과거와 현재 그리고 앞으로 다가올 미래까지 연결 지어서 그려보는 겁니다.

스티브 잡스의 너무나 유명한 말이 있죠. "Connecting the Dots." 바로 '우리는 무수히 많은 점들을 찍으며 살아왔고 살아간다. 그리고 이 점들을 이어 그려보면 각자의 삶, 인생의 그래프가 만들어진다.'는 의미를 담고 있습니다. 우리도 내 삶을 돌아보면서 나의 인생에서의 점들을 찍어보고, 그 점들을 이어서 나의 인생 그래프를 그려보도록 하죠.

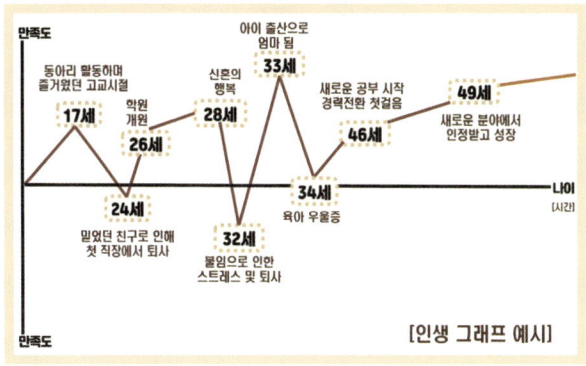

[인생 그래프 예시]

인생 그래프를 그리는 방법은 간단합니다. 제시된 활동지의 타임라인이 있는데요, 그 타임라인 위에 '과거와 현재에 이런 변곡점들이 있었다.' 또는 '미래에 이런 일들이 변곡점이 될 것이다.'라고 생각되는 곳에 점을 찍는 겁니다. 그런데 이때 가로선은 시간의 흐름을 나타내고요, 세로선은 그 일이 내게 가지고 온 영향력이나 만족도의 고저를 의미합니다. 만약에 내가 스무 살에 대학에 입학했는데, 그것이 나에게 높은 만족을 가져왔던 변곡점이라면, 가로선의 스무 살 지점에 세로로 상위에 점을 찍어 두는 거고요. 서른 즈음 내가 이직을 하며 힘든 시기를 보냈다면, 가로선 서른 지점에 세로로 아래쪽에 점을 찍는 거죠. 이렇게 시간의 흐름에 따라 인생에 변곡점이 되었던 시기의 만족도나 감정을 점을 찍어 두고 연결해 보면, 각자의 인생 그래프가 만들어지게 됩니다. 더하여 미래의 내 모습을 떠올리면, 그 시기에 어느 정도의 감정과 만족도를 가질 것인지도 넣어서 인생 그래프를 그려볼까요?

모두 작성하셨나요? 완성된 인생 그래프를 가만히 들여다보니 어떤가요? 나는 평범하게 살았던 것 같지만, 지금의 내 모습을 만들었던 사건들과 경험들이 주마등처럼 스쳐 갈 겁니다. 인생 그래프를 작성하면서 그 시기에 내가 느끼고 생각했던 것들이 무엇이었는지, 그리고 그 경험이 지금의 나에게 어떤 영향을 미쳤는지도 보일 거예요. 더불어 나의 인생을 돌아보면서 내가 찍어왔던 점들이 차곡차곡 쌓여서 현재의 나를 만들었음은 물론, 성장한 나를 깨닫게 되면서 현재 나의 위치와 감정도 알 수 있습니다. 삶을 살면서 좋았던 일들이 나를 키우기도 하지만, 비를 맞듯 인생의 하락 곡선을 통과하면서도 우리는 성장을 하니까요.

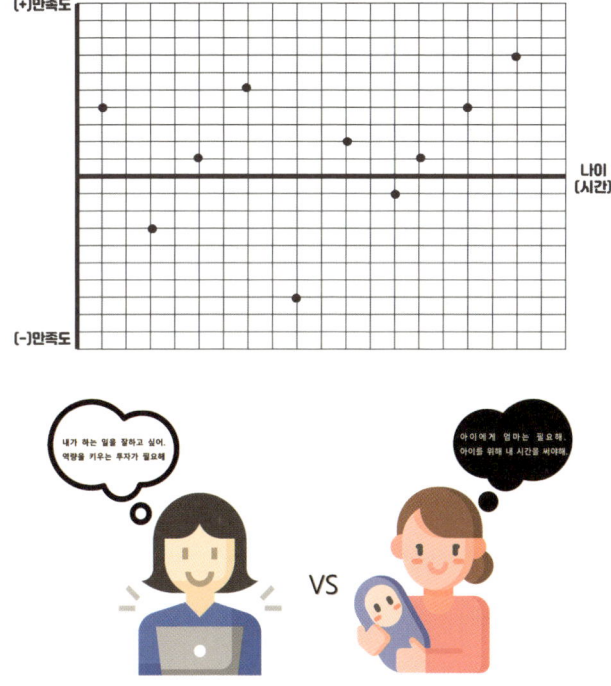

[이미지 출처: https://www.flaticon.com/kr]

내 안에 Want

지난 삶을 돌아보며 나의 인생의 흐름을 알아봤으니, 이제 내 안에 있는 원트, 내가 원하는 것이 무엇인지 나의 욕망을 들여다보는 시간을 가져볼까요? 우리는 스스로 내 안에 가지고 있는 니즈를 살펴보는 것에 익숙하지 않습니다. 사회적 가면을 쓰고 살아가기도 하고, 다양한 이유로 나의 욕망을 누르고 살면서 온전히 나를 마주하며 내가 현재 원하는 것이 무엇인지 세심하게 살피는 시간을 갖거나, 나의 니즈를 인정하기가 어렵기 때문이죠. 하지만 앞으로 한 걸음 나아가기 위해서는 나를 아는 것이 가장 중요하잖아요. 조금 어렵고 어쩌면 쑥스러울 수도 있지만, 내면에 숨어 꿈틀대고 있는 나의 욕망, 니즈를 알아차리고 그에 맞춰 비전을 세우는 것이 나의 꿈을 찾는 과정의 시작이란 생각이 듭니다. 내가 원하는 것이 무엇인지 집중하며 스스로 찾아볼 수 있다면, 하나하나 떠오르는 대로 목록을 만들어 보는 것부터 시작하면 좋겠죠.

그런데 앞서 이야기했듯이 나의 니즈를 찾는 것에 익숙하지 않아 어렵다면, 버킷리스트 작성을 통해 하나씩 지워가는 소거법을 활용해 가거나, 나의 원트를 찾아 줄 수 있는 도구를 활용해 봐도 좋을 것 같습니다. 내 안의 니즈를 찾는 다양한 방법들 중 오늘은 꿈 찾기 과정에서 종종 활용하는 카드 활동을 소개해 보려고 합니다.

[이미지 출처: 한국교육리더십센터_원트카드]

나의 원트 혹은 니즈를 구체적으로 나누어 생각해 보고 점검하면서 정말로 내가 찾고자 하는 것, 내가 살아가고자 하는 삶의 방향과 진로 방향성을 정리해 볼 수 있도록 돕는 원트카드를 활용해 나의 원트를 찾고 비전문을 만들어 보는 거예요. 원트카드는 직무, 진로, 가치 세 개의 분야로 나누어 카드에 있는 질문들과 키워드를 탐색하며 스스로 최우선 카드를 선택하고, 그 안의 내용으로 나의 비전을 세워 볼 수 있도록 돕는데요. 우리가 모두 원트카드를 가지고 있지는 않기에, 지금부터 드리는 세 가지 질문에 대한 답을 생각하고, 적어보면서 나의 원트를 구체적으로 떠올려보고 정리해 보도록 하죠.

우선 첫 번째 질문을 드리도록 하겠습니다.

"당신은 어떤 분야에 관심이 있나요?"

아래 제시된 진로 관련 단어들을 읽고 자신이 관심을 갖고 있는 분야 3개를 찾아 동그라미를 그려봅시다.

사람	여행	국제무역	기계	역사	군대
패션	교육	심리	보안	건축	전기전자
미용	문학	회계	의학	통계	법
음악	수학	스포츠	기업	사무	금융
미술	동식물	복지	IT 소프트웨어	방송영화	요리

[표: 진로 키워드]

다시 말해 내가 평소에 관심이 있는 분야가 무엇인지 생각해 보는 거예요. 일단 무작위로 떠오르는 대로 체크해 봅니다. 그리고 스스로 선택한 분야들을 검토해 보면서 현재뿐 아니라, 앞으로도 이 분야에 대한 관심이 지속될 것인가 생각해 보는 거죠. 이렇게 질문을 통해 들여다본 내가 관심을 갖고 있는 수많은 분야들 중에서 최우선 분야를 세 가지 정도로 줄여가 보도록 하겠습니다. 예를 들어, 1강에서 찾았던 과거 어릴 적 간호 사관생도를 꿈꾸었던 때를 떠올리며 '군대'라는 분야에 평소 관심이 있었다는 것을 알았다면, 내가 정말 '군대'라는 분야에 관심이 있는가? 다시 질문하며 스스로 점검해 보는 겁니다.

그리고 '나는 국가에 헌신하고자 하는 마음이 있는가?', '원칙과 규칙을 중시하는 공직 생활을 잘할 수 있나?' 등과 같이 좀 더 구체적인 질문들에 답하며 최우선 관심 분야를 정리하는 시간을 갖도록 합니다.

이렇게 남은 두 개의 질문에도 스스로 답하고 정리하는 방법으로 내 안의 욕망, 니즈를 들여다보고 원트를 찾는 거죠.

두 번째 질문은 "당신은 어떤 일을 하고 싶나요?"인데요.

첫 번째 질문이 진로에 관한 질문이었다면, 두 번째 질문은 직무에 관한 질문입니다.

이번에도 마찬가지로 제시된 직무 키워드를 찬찬히 읽어보고, 내가 하고 싶은 일을 찾아서 체크해 보는 겁니다. 우선 마음에 드는 여러 개를 체크해 두었다가 다시 체크한 리스트 중 3개만 동그라미를 그려보세요.

돌봄	조사	경영	판매	신체활동	예측
수리	치료	서비스	정리	상담	통솔
안내	디자인 꾸미기	결정	연구	만들기	창작
관리	설득	분석	운전	기획	계산
개발	가르침	창업	글쓰기	설계	편집

[표: 직무 키워드]

직무는 개인이 수행하는 일의 내용, 업무의 범위와 성격에 따라 정해지는 역할을 이야기하죠. 각 개인의 업무 능력과 전문성, 경력, 성과 등을 고려하여 부여되는 것이에요. 분야에 따라 다양한 내용의 업무가 주어지고, 그에 따른 책임도 다 다릅니다. 예를 들어, '관리'라는 직무를 수행한다고 했을 때 그 일의 특성을 생각해 보고, 그에 따르는 책임이 무엇인지 떠올려 봅니다. 내가 그것을 잘 해낼 수 있는가, 또는 그 일들을 통해 성과를 냈었나 하는 점들을 되짚어 나에게 맞는 직무 목록을 적어보는 거죠.

마지막으로 가치를 생각해 보는 질문으로 "당신은 어떻게 일하고 싶나요?"입니다.

내가 삶에서 꼭 지키고 싶은 것들이 무엇인지 생각해 보며 목록을 먼저 작성해 보세요.

완성	탁월함	충직	성장	리더십	독립
효율성	도덕성	공정성	책임감	창의성	협력
활력	지혜	인정	자유	감성	신뢰
사랑	헌신	탐구	즐거움	도움	열정
성취	성실	도전정신	정확성	친절	인내

[표: 가치 키워드]

나는 일을 하며 이것만큼은 지켜야 한다고 생각하는 것이나, 일을 통해 이루고 싶은 것이 무엇인지를 떠올려본다면 좀 더 명확하게 정리가 될 거고요.

떠올린 단어들의 정의를 다시 한 번씩 찾아보며 내게 있어 중요한 가치를 뽑아 보시기 바랍니다.

마지막으로 진로와 직무 그리고 가치의 질문들을 통해 정리한 목록 중에서 비중이 적은 것부터 하나씩 지워나가는 방법으로 최우선 키워드를 남겨보세요. 그러면 복잡하게 얽혀있다고, 혹은 불분명해서 잘 모르겠다고 생각했던 내 안에 숨어 있던 원트가 윤곽을 드러내게 됩니다. 이 키워드들을 연결하여 나의 비전 문장을 만들어 볼 수 있습니다.

저도 여러분과 같은 과정을 통해 진로에서는 '교육'을, 직무에서는 '기획'을, 가치에서는 '성장'이라는 키워드를 찾았고, 이 키워드로 다음과 같이 비전문을 만들었어요.

바로 "나는 '교육' 분야에서 '기획' 일을 하며, '성장'을 실현하는 사람이다."

　이렇게 내가 원하는 나의 원트를 정리하고 보니 현재 저의 일과 맞춤인 듯합니다.

　제가 다시 일을 시작하며 방향을 설정하고 현재까지 이어진 것이 어쩌다 보니 하게 된 일들이 아니라는 것을 보여준다고도 할 수 있겠네요.

　여러분들도 진로와 직무 그리고 가치 키워드들을 고르고 다시 내려놓으며 내가 가장 원하는 것이 무엇인지, 직면한 앞으로의 삶에서 내가 실현하고자 하는 것이 무엇인지를 명확히 할 수 있도록 내 안의 원트를 찾아 정리해 봅시다.

　지금 우리는 진로, 직무, 가치 키워드 탐색을 통해 내 안의 원트를 한 줄로 정리했는데요. 이 과정들은 현재의 내가 알아차리지 못했던 나의 원트를 인지하도록 돕고 있습니다. 느끼지 못하고 살아온 내가 찾고, 지향하고, 나아가고자 하는 방향을 시각적으로 정리하고, 나아가 주변의 사람들에게 이야기하며 공유하는 시간을 통해 나를 바로 들여다보고 정리하는 과정이라고 말할 수 있습니다.

꿈담 프로젝트 3강까지 함께하며 다양한 활동들을 설명하고 있는데, 지금까지의 활동 결과물들을 한번 살펴보시겠어요? 이제는 그 안에서 내 안에 내재되어 있는 니즈가 어느 정도 눈에 보이기 시작했을 겁니다. 아마도 결과물 속에서 비슷한 의미를 담고 같은 방향을 바라보고 있는 자신일 테니까요. 이것을 기준으로 우리는 앞으로를 준비하는 커다란 목표로 정해도 좋을 것 같습니다.

나의 Want To Do List

아직은 뾰족하고 명확하지는 않지만, 이렇게 방향을 정하고 나아가기 위해 해야 하고, 할 수 있는 일들을 정해 하나씩 실행하면 앞으로의 삶에서 주도성을 가지고 살아갈 수 있으니, 이번엔 나의 원트에 다가가기 위한 WANT TO DO LIST를 작성해 볼까요?

WANT TO DO LIST는 각자가 세운 목표와 관련해 나는 무엇을 할 것인가를 목록화하는 것입니다.

나는 무엇을 할 것인가를 목록화하는 과정에 앞서 선행되어야 하는 것이 있는데, 그것은 내가 좋아하는 일은 무엇이고, 잘하는 일은 무엇인지와 함께 내가 싫어하는 일과 못하는 일들을 정리해 보는 거예요.

일반적으로 TO DO LIST라고 하면 중요하고 시급한 일, 중요하지만 급하지 않은 일, 중요하지 않지만 시급한 일과 중요하지도, 시급하지도 않은 일을 기준으로 리스트를 만들고, 우선순위를 정해 실천해 나가는 형식을 취하지만, 이 시간에는 WANT TO DO LIST를 다루기에, 기준을 조금 바꾸어 잡아 보겠습니다.

제시된 기준에 맞춰 다시금 나를 생각해 보고 제시된 표에 한 번 정리해 볼까요?

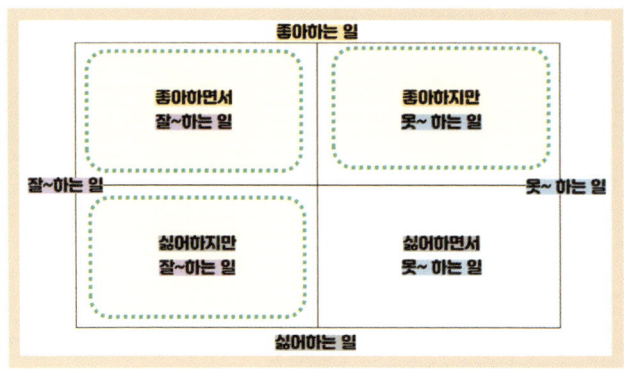

내가 좋아하는 것과 잘하는 것, 그리고 싫어하는 것과 못하는 것을 사분면으로 나누어 두고, 1사분면엔 내가 좋아하면서 잘하는 것, 2사분면엔 좋아하지만 못하는 것, 3사분면엔 내가 잘하지만 싫어하는 것, 마지막 4사분면엔 내가 싫어하고 못하는 것을 분류해 넣는 겁니다.

이 중에서 우선적으로 생각해 볼 부분은 좋아하면서 잘하는 부분입니다. 이 부분의 키워드와 목표를 연계한 TO DO LIST를 작성한다면, 추진력과 실행력을 높여 목표를 빠르게 성취할 수 있도록 도울 테니까요. TO DO LIST를 작성할 때, 굳이 싫어하고 못하는 영역의 것과 연계해 무언가를 하려고 애쓸 필요는 없습니다. 그럼에도 싫어하는 것과 못하는 것을 정리하는 이유는 정말로 내가 못하고 싫어하는 것인지, 할 수 있는데 두려움이나 타인과의 비교로 내려놓은 것인지 다시 판단해 보고, 좋아하는 것으로 옮겨 놓을 여지가 있지는 않은지 점검하기 위한 것이기도 합니다. 만약 못하고 싫어하는 영역에 두었던 것들을 이제는 해볼 만하다는 생각이 든다면, 다른 사분면으로 옮겨 적고 TO DO LIST를 작성하는 것도 좋겠죠.

예전에 우리들은 못하는 것을 강화하여 두루두루 잘하는

사람이 되는 것이 이상적이라 생각했던 적도 있었지만, 인간은 만능이 아니고 제각각 다른 능력을 가지고 있다는 것을 압니다. 그렇기에 내가 좋아하는데 잘하는 것을 강화해, 내가 가진 역량을 충분히 발휘할 수 있도록 성장하는 데 집중해야 하는 거죠. 이때 중요한 것은 타인과 바교해서 내가 잘하는 것이 아닌, 내가 가진 많은 것들 중에 잘하는 것을 찾는 겁니다. 나의 원트를 위한 내가 가진 뾰족한 강점을 만들어 다듬는 훈련 계획과도 같다고 생각하면 좋겠죠?

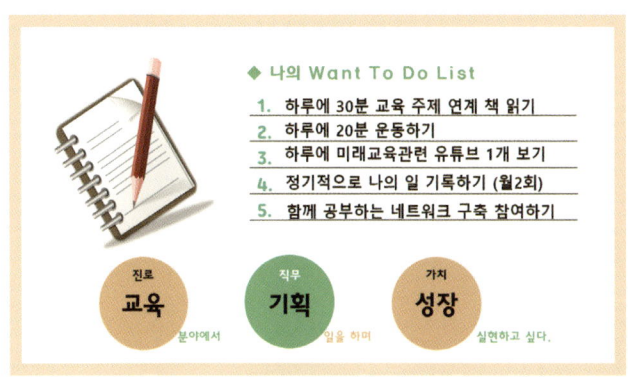

예를 들어, 교육과 기획 그리고 성장이라는 키워드를 원트 찾기를 통해 선택했다면, 교육 분야에서 기획을 하고, 그것을 통해 여러 사람이 함께 성장하는 삶을 살기 위해 현재 내가 할

수 있는 일들을 세분화해서, 일상에서 실천할 수 있는 작은 것부터 작성하는 겁니다. 교육 분야에서 일을 하기 위해 연계 책 읽기와 역량을 키우는 네트워크 참여, 일을 계속하는 것의 기본이 되는 건강 챙기기와 같이 작심삼일로 끝나지 않고 지속할 수 있는 TO DO LIST를 작성해 보세요. 그리고 이를 실행함으로써 실패가 아닌 성취의 경험들을 쌓고, 자기효능감을 높여 현재에서 미래로 이어지는 꿈 로드 맵을 그려나가게 될 것입니다.

핵심포인트

3강. 꿈을 찾다

우리는 종종 현재의 모습이나 사회적 역할에 안주하며, 자신 안에 숨겨진 가능성과 욕구를 간과하곤 합니다. 그러나 자신의 내면을 깊이 들여다보고 삶의 흐름을 성찰함으로써, 진정 원하는 삶의 방향을 발견할 수 있습니다.

스티브 잡스가 말했듯, 과거의 점들이 모여 미래의 길을 만들어갑니다. 자신의 내면을 탐색하고, 진정 원하는 삶의 방향을 설정함으로써, 보다 의미 있고 만족스러운 삶을 살아갈 수 있습니다.

[나의 능력, 상황, 성향을 반영한 현실성 반영]

나를 이해하는 과정은 '진짜 하고 싶은 일'과 '할 수 있는 일'의 교집합을 찾아냅니다.

[자신과 연결된 꿈은 동기부여로 강한 실행력을 동반]

꿈을 구체화하면 진로 설계가 추상적인 희망사항이 아니라 구체적이고 진행 가능한 프로젝트가 됩니다.

[단계별 실행 전략 수립]

세분화된 목표는 실패와 피드백의 가능성도 열어주어, 더 정교한 방향 수정을 돕습니다.

"큰 꿈은 작은 목표들로 나뉘어질 때 비로소 현실이 된다."
꿈은 멀리 있는 것이 아니라, 내 안에 씨앗처럼 숨어 있습니다.
과거는 단서이고, 현재는 방향을 잡는 나침반입니다.
꿈을 찾고 싶다면, 지금의 나를 깊이 있게 들여다보세요.

실전 워크시트 3강

나의 삶을 돌아보고 나의 니즈를 찾는 시간

1. 인생 그래프 활동 방법 ▶

1. 내 삶에 변화가 있었던 시기를 가로(시간)축에 표시하기
2. 그 변화가 나에게 준 만족도를 세로축에 고저로 표시하기
3. 고저로 표시한 점에 그 변화가 무엇이었는지 적기
4. 2번에서 찍은 점들을 이어 그래프 그리기

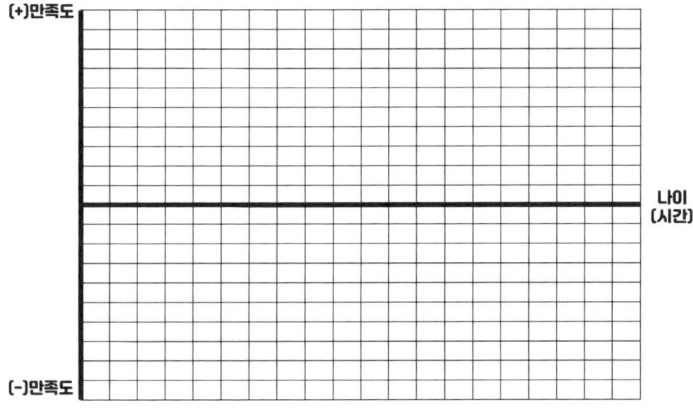

2. 나의 원트 찾기 활동 방법 ▶

1. 진로, 직무, 가치 각각의 키워드 표에서 베스트 3 키워드에 동그라미 하기
2. 진로, 직무, 가치에서 동그라미 한 키워드 3개 중 최종 1개 선택하기
3. 선택한 진로, 직무, 가치 최종 키워드를 넣어 나의 원트 문장 만들기

사람	여행	국제무역	기계	역사	군대
패션	교육	심리	보안	건축	전기 전자
미용	문학	회계	의학	통계	법
음악	수학	스포츠	기업	사무	금융
미술	동식물	복지	IT 소프트웨어	방송 영화	요리

[표: 진로 키워드]

돌봄	조사	경영	판매	신체활동	예측
수리	치료	서비스	정리	상담	통솔
안내	디자인 꾸미기	결정	연구	만들기	창작
관리	설득	분석	운전	기획	계산
개발	가르침	창업	글쓰기	설계	편집

[표: 직무 키워드]

완성	탁월함	충직	성장	리더십	독립
효율성	도덕성	공정성	책임감	창의성	협력
활력	지혜	인정	자유	감성	신뢰
사랑	헌신	탐구	즐거움	도움	열정
성취	성실	도전정신	정확성	친절	인내

[표: 가치 키워드]

3. Want To Do List 작성 방법 ▶

1. 사분면의 각 항에 해당하는 것을 최대한 동사형으로 적기
2. 1사분면의 좋아하면서 잘하는 것을 나의 원트 키워드와 연계하여 TO DO LIST로 만들기
3. TO DO LIST는 거창한 것이 아닌, 일상에서 꾸준히 실행 가능한 최소의 내용으로 만들기

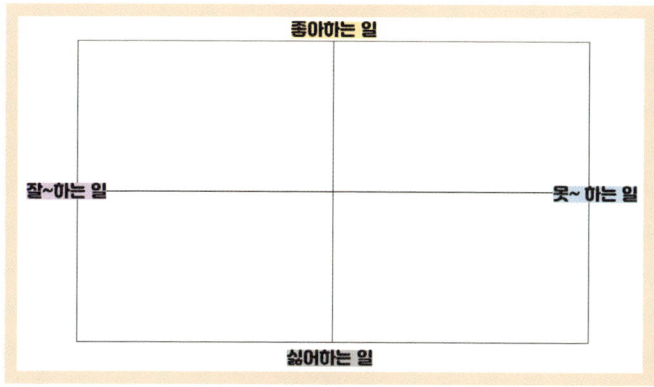

제 4 강

꿈을 담다

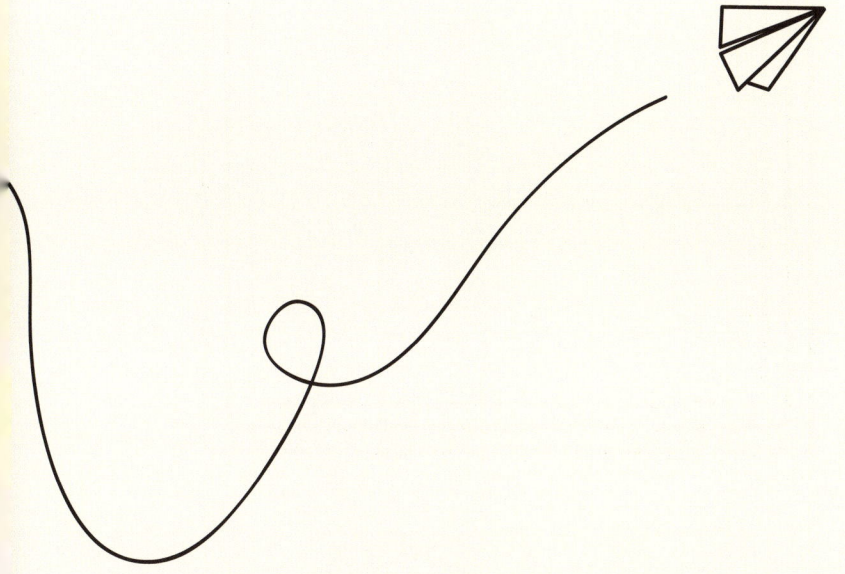

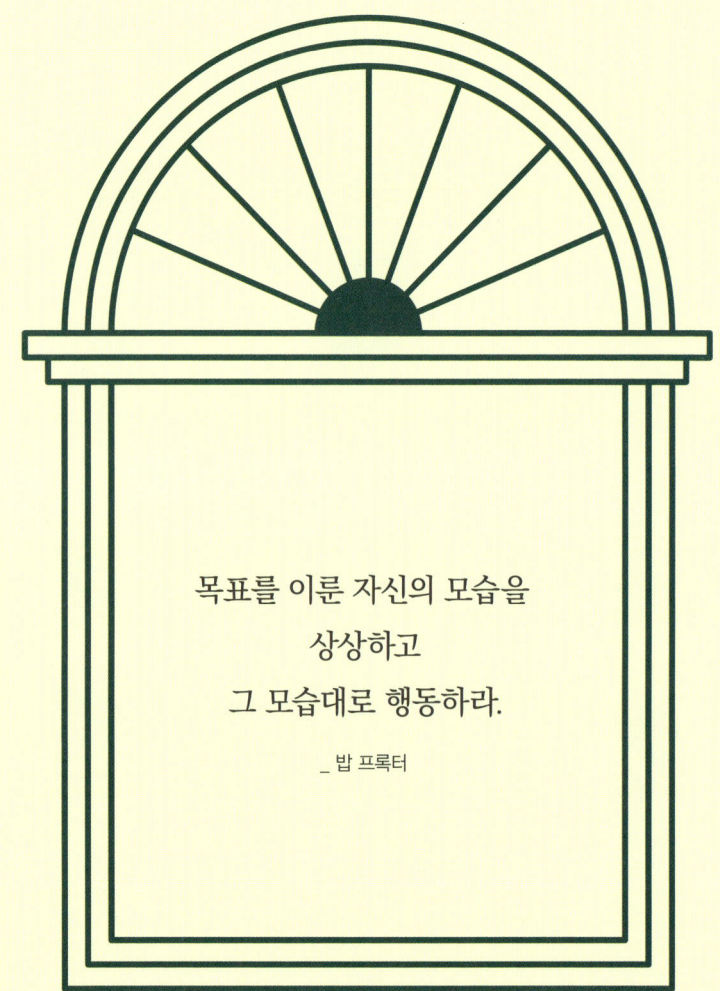

목표를 이룬 자신의 모습을
상상하고
그 모습대로 행동하라.

_ 밥 프록터

3주간 잊었던 나의 꿈을 묻기도 하고, '조하리의 창' 활동을 통해 나는 어떤 사람인지 객관적으로 알아보고 이해하는 시간을 가지며 내 안의 원트, 삶의 방향을 찾아 어디로 가야 할지 꿈 로드맵을 만들었다면, 이번 시간에는 '꿈을 담다' 프로젝트 네 번째, 나의 꿈과 비전을 세우는 시간 〈꿈을 담다〉입니다.

꿈을 실현하는 최고의 기술인 만다라트와 한 줄로 나를 소개하는 한 문장 만들기, 나의 비전을 담은 드림보드 만들기를 해보려고 하는데요. 먼저 꿈을 실현하는 최고의 기술인 만다라트부터 만나보도록 할게요.

꿈을 실현하는 최고의 기술인 만다라트

사진을 하나 준비했습니다. 저 멀리 높은 산이 보이시나요?

[사진 출처: 미리캔버스에서 AI로 그린 그림]

  우리가 등산을 한다고 생각해 봅시다. 저라면 등산도 좋아하지 않는 데다가 너무 높기에 오르고 싶은 마음조차 생기지 않을 것 같은데요. 여러분은 어떠신가요? 저기 높은 산 맨 꼭대기에 오르고 싶다 하시는 분? 산을 좋아하는 분들이라도 선뜻 손을 들기가 쉽지 않으시죠?

  꿈을 이루기 위한 여정에 있어서도 마찬가지입니다. 목표가 너무 높다면 시작도 하지 않으려고 하겠죠. 등산을 하다 보면

중간중간 쉼터가 있는 것처럼, 우리는 원대한 꿈이 있다 하더라도 처음부터 바로 꼭대기로 가는 것이 아닙니다. 최종목적지에 도달하기 위한 중간목표를 세워 한 발 한 발 나아가다 보면 어느새 첫 목표지에 도달하고, 거기서 '어? 어느새 도착했네! 할만하네!' 하는 마음이 생겨야 다음으로 나아갈 수 있겠죠. 그 속에서 성취감을 느끼며 다음 목적지로 어렵지 않게 갈 수 있는 힘을 얻고, 결국에는 내가 목표했던 최종목표를 이루게 된답니다.

그럼 꿈을 실현하는 최고의 기술인 만다라트를 통해 실행력을 높여볼까요.

마이즈미 히로아키가 개발한 발상기법인 만다라트는 Manda(본질, 깨달음), La(소유, 성취), Art(기술)을 합친 용어로 '본질을 소유한 기술', '깨달음을 완성한 경지의 기술'이라는 의미를 가지고 있습니다.

만다라트의 근간이 되는 '만다라'는 약 1200년 전, 불교의 4대 제자인 밀교 제자들에 의해 개발된 개념으로, 우리의 복잡한 생각이나 목표를 정리하고 구조화해 우리가 원하는 방향으로 나아갈 수 있도록 시각적인 도움을 주는 도구입니다.

중학교 시절 꿈을 이루기 위해 만다라트를 작성하고 실천해 세계적인 야구선수의 꿈을 이룬 오타니 쇼헤이의 결정적 성공비법으로도 많이 알려져 있습니다. 아래 만다라트를 한번 볼까요?

몸관리	영양제 먹기	FSQ 90kg	인스텝 개선	몸통 강화	축 흔들지 않기	각도를 만든다	위에서부터 공을 던진다	손목 강화
유연성	몸 만들기	RSQ 130kg	릴리즈 포인트 안정	제구	불안정 없애기	힘 모으기	구위	하반신 주도
스테미너	가동역	식사 저녁7숟갈 아침3숟갈	하체 강화	열지 않기	멘탈을 컨트롤	볼을 앞에서 릴리즈	회전수 증가	가동력
뚜렷한 목표·목적	일희일비 하지 않기	머리는 차갑게 심장은 뜨겁게	몸 만들기	제구	구위	축을 돌리기	하체 강화	체중 증가
핀치에 강하게	멘탈	분위기에 휩쓸리지 않기	멘탈	8구단 드래프트 1순위	스피드 160km/h	몸통 강화	스피드 160km/h	어깨주변 강화
마음의 파도를 안만들기	승리에 대한 집념	동료를 배려하는 마음	인간성	운	변화구	가동력	라이너 캐치볼	피칭 늘리기
감성	사랑받는 사람	계획성	인사하기	쓰레기 줍기	부실 청소	카운트볼 늘리기	포크볼 완성	슬라이더 구위
배려	인간성	감사	물건을 소중히 쓰자	운	심판을 대하는 태도	늦게 낙차가 있는 커브	변화구	좌타자 결정구
예의	신뢰받는 사람	지속력	긍정적 사고	응원받는 사람	책읽기	직구와 같은 폼으로 던지기	스트라이크 볼을 던질 때 제구	거리를 상상하기

[사진 출처: 구글이미지]

'만다라트 실천법'은 중심핵이 있는 9칸짜리 매트릭스로 구성이 되며, 9칸의 중심에 최종적인 목표를 적고 나머지 8칸에 그 꿈을 실현하기 위해 인생과 관련된 요소를 넣어 각각의 구체적 목표를 세운 다음, 서로 교차하게 만들면 되는 것이랍니다. 이 과정을 거치면 중앙의 큰 목표를 위해 나머지 8개의 목표가 정리되어 명확하게 할 수 있습니다.

8구단 드래프트 1순위가 목표였던 오타니 쇼헤이는 목표를 이루기 위한 각각의 목표를 8칸에 채우고 또 그것을 이루기 위해 행동할 8가지를 기록하였습니다. 실제로 이것을 모두 실행해 성공하게 된 것이지요.

자기계발 전문가인 앤서니 로빈스(Anthony Robbins)는 "목표를 글로 적어라. 목표를 종이 위에 적지 않으면, 그것을 달성하는 데 필요한 일들을 해낼 수 없다."라고 했습니다. 구체적인 목표와 계획을 종이에 기록한 3%가 나머지 97%보다 평균 10배의 수입을 올렸다고 합니다. 1979년 하버드대학 경영대학원 졸업생을 대상으로 한 연구 결과인데, 목표를 종이에 쓴 사람과 쓰지 않은 사람의 인생이 극명하게 나뉘었다는 사실을 잘 보여주는 예죠. 학력이나 능력의 차이는 거의 없었고, 단지 목표와 구체적인 계획을 종이에 썼는 가의 차이, 즉 글로 기록된 목표가 큰 위력을 가짐을 알 수 있습니다.

목표를 단순히 마음속으로 품는 것이 아니라 목표를 명확히 정의하고, 이를 실행 가능한 계획으로 구체화하는 과정이 반드시 필요합니다. 글로 기록된 목표는 우리의 의지를 더욱 분명하게 만들고, 지속적인 실천을 가능하게 하여 궁극적으로 원하는 결과를 이루는 데 중요한 역할을 하기 때문입니다.

목표를 달성하고 스스로 행복을 느끼면서 인생을 즐기려면 어떻게 해야 할까요?

스스로 자신의 삶을 디자인하고 행동하는 자기관리를 통해 보다 풍요로운 삶을 만들어 가야 합니다. 왜냐하면 우리의 삶은 우연에 맡기는 것이 아니라, 스스로 설계하고 실행할 때, 더욱 의미 있고 만족스러워지기 때문이죠. 목표를 설정하고 꾸준히 실천하는 과정에서 우리는 성장하고, 이를 통해 진정한 행복을 경험할 수 있습니다.

그럼 지금부터 만다라트를 작성해 볼까요? 그전에 만다라트를 작성할 때 참고하면 좋은 방법을 제가 작성했던 만다라트를 예시로 자세히 알려드리겠습니다. 첫 번째로, 9칸 중 중심핵에 중심단어를 설정합니다. 여러 가지 활동과 목표를 포함할 수 있는 폭넓은 의미의 단어로 작성합니다. 저는 드림메신저로서의 삶을 목표로 가졌어요.

두 번째로, 바깥단어를 작성하는데, 실행을 위한 세부적인 단어로 채웁니다.

드림메신저로서의 삶을 살아가기 위해 8개(성공적인 습관 만들기, 책 출간, 가족, 건강, 관계, 일, SNS 마케팅, 경제적 자유)의 세부목표를 세우고 작성했습니다.

경제적 자유	책출간	성공적인 습관만들기
SNS마케팅	2021 드림메신저	가족
일	관계	건강

세 번째로, 세부항목을 기록할 때 수치나 횟수를 정하면 달성 결과를 파악하기 좋겠죠. 세부항목이 "건강"이라고 하면 근

력운동 주 3회-10분 이상, 매일 5,000보 이상 걷기, 하루 7시간 이상 수면, 이렇게 구체적으로 작성하는 게 좋습니다.

건강식품 챙겨먹기	5,000보 이상 걷기/매일	분기별 1박2일 휴가
7시간 수면	건강	근력운동 10분 이상
월요단식 & 소식	아무것도 하지않는 시간 갖기	IAP호흡법/ 바른자세 의식하고 유지하기

네 번째로, 긍정적으로 실천할 수 있는 계획으로 설정하는데, 가능하면 빈칸을 채우려고 노력하지만 변경하거나 나중에 채워도 괜찮습니다.

지금부터 만다라트를 만들어 볼 텐데요. 그전에 제가 만들었던 것을 예시로 보여드릴게요.

목적 자금 모으기	가계부 활용	온라인 장보기	목차작성	프로젝트	자료조사	의도적인 에너지 관리	수업자료 연구하고 기록하기	성장습관 해빙감사 일기쓰기
드림프로젝트	경제적 자유	수익을 놓고 안전한 투자하기	책많이읽기	책출간	초고쓰기	매월 1명씩 인터뷰하기	성공적인 습관만들기	배움을 통해 업그레이드 하기
강의	애드포스트	투자 수익금 기부하기	초안작성	초안다듬기	초안퇴고	목표세우기	독서 매일1시간	온라인소통
1일1포스팅	인스타피드 매일	해시태그 키워드 찾기	경제적 자유	책출간	성공적인 습관만들기	월 1회 1:1데이트	외식&배달음식 줄이기	가족독서시간 늘려가기
오디오클립 활용하기	SNS마케팅	카카오스토리	SNS마케팅	2021 드림메신저	가족	주 2회 다함께 식사하기	가족	월1회 주말나들이
브랜딩홍보	카톡활용	유튜브	일	관계	건강	분기별 가족여행	매일 안아주고 사랑한다 말하기	부모님께 주1회 연락드리기
꿈담프로젝트	드림 성장습관 프로젝트	드림 리더북 클래스	긍정에너지 나누기	약속시간 지키기	단톡방운영	건강식품 챙겨먹기	5,000보이상 걷기/매일	분기별 1박2일 휴가
송파햄 마을강사/자원봉사센터/도서관	일	라오스 학교짓기 프로젝트	마음을 다하기	관계	다드림스쿨 1:1데이트	7시간 수면	건강	근력운동 10분이상
협치 시민참여	청소년 미래설계/신나는 미디어	서울시교육청 학부모 진로강사	자주 소통하기	년2회 네트워킹데이	1일 1명언	월요단식 & 소식	아무것도 하지않는 시간 갖기	IAP호흡법/바른자세 의식하고 유지하기

 지금까지 설명한 만다라트 작성법에 따라 완성된 만다라트를 보시니 어떠세요? 2021년도에 제가 만들었던 만다라트는 진짜 결실을 맺었을까요?

 놀랍게도 저는 전 과정을 잘 실천하며 성공적인 습관 만들기도 하고, 그것을 바탕으로 〈Dream 성장습관 프로젝트〉 전자책을 출간하기도 하며 목표의 80% 이상을 이뤘습니다. 매년

연말이 되면 셀프 피드백을 하고, 매년 업데이트를 하며 목표 달성을 위해 노력하고 있습니다.

실제로 이루어진 사례를 접하니 나도 한번 해볼까 하는 마음이 드시나요?

"목적을 명확히 할 수 있는 사람은 인생을 마지막까지 내팽개치지 않는다."라고 빌 게이츠(Bill Gates)가 목표 설정의 중요성을 강조했는데, 우리도 오늘 원하는 꿈과 목표를 더 명확하게 이루기 위한 계획을 만다라트에 작성해 봅시다.

만다라트 응용편

꿈을 실현하는 최고의 도구, 만다라트! 이번에는 이 만다라트를 일상에서 어떻게 효과적으로 활용할 수 있는지 다양한 방법들을 알려드리겠습니다.

여러분은 매일 혹은 매주 자신의 삶을 돌아보며 스스로 피드백하는 성찰의 시간을 가지고 있나요? 사람은 누구나 성장하고자 하는 욕구를 지니고 있습니다. 어제보다 더 나은 '나'를 만들어가기 위해서는 셀프 피드백이 꼭 필요하죠. 이때 만다라트를 활용하면 자신을 돌아보고 성장의 방향을 설정하는 데 큰 도움이 됩니다.

그렇다면 일주일 동안의 목표와 피드백을 만다라트로 어떻게 관리할 수 있을까요?

우선, 일주일은 7일로 구성되어 있고, 만다라트는 9칸으로 이루어져 있습니다. 이 두 요소를 결합해 보겠습니다.

가운데 핵심 칸에는 이번 주에 이루고 싶은 목표나 중심 과제를 적습니다. 예를 들어, '운동 습관 만들기'나 '업무 효율성 향상'과 같은 목표를 설정할 수 있습니다.

핵심 칸을 둘러싼 8개의 칸에는 월요일부터 일요일까지의 요일을 하나씩 적습니다. 각 요일마다 목표와 관련된 구체적인 실행 계획이나 해야 할 일을 적어보세요. 예를 들어, 월요일에는 '스트레칭 30분', 화요일에는 '유산소 운동 20분'과 같이요. 저는 강의 계획안 및 PPT 만들기로 이번 주의 목표를 설정하고 만다라트에 요일별 계획을 세우고 진행했어요. 마지막 남은 한 칸은 피드백 칸으로 활용합니다. 한 주가 끝나면 이 피드백 칸에 잘한 점, 아쉬웠던 점, 다음 주에 보완하고 싶은 점 등을 기록해 보세요. 자신을 돌아보며 개선할 수 있는 기회를 가질 수 있습니다.

이렇게 만다라트에 주간 목표와 피드백을 기록하면, 자신의 성장 과정을 더욱 명확하게 볼 수 있을 뿐 아니라, 꾸준한 실천을 통해 목표를 점진적으로 이뤄 나가는 성취감을 얻을 수 있습니다. 만다라트를 통해 스스로를 돌아보는 시간을 가지며, 더 나은 나를 만들어 가는 데 도전해 보세요!

월요일	화요일	수요일
대상에 맞는 수업 주제 선정 및 목표 설정	대상자 분석 및 학습 목표 구체화	자료 조사 및 콘텐츠 수집
목요일 수업계획안 초안 작성	이번주 목표 or 해야 할 일 강의계획안 및 PPT 만들기	금요일 강의 PPT 초안 작성
토요일 PPT 자료 보완 및 수정	일요일 시뮬레이션 및 최종 점검	피드백 한 주간 최선을 다한 나를 칭찬해! 수업에 활용할 자료들을 많이 찾아보고 스크랩해 두자!

또 다른 활용법으로는 만다라트를 습관 기록지로 사용하는 방법이 있습니다. 만다라트를 통해 내가 만들고자 하는 좋은 습관들을 기록하고 점검하면 꾸준한 실천과 성찰이 가능해집니다.

이 방법은 특히 8주간의 기록을 한눈에 볼 수 있어, 목표 달성 과정을 명확하게 파악할 수 있는 장점이 있어요. 매주 한 칸씩 채워 나가면서 자신의 노력과 성과를 확인하고, 필요한 경우 스스로 피드백하며 방향을 수정할 수 있습니다.

예를 들어 매일 30분 독서하기, 하루 2L의 물 마시기, 아침에 스트레칭하기 같은 습관을 만들고 싶다면, 만다라트의 각 칸에 그날의 실천 여부나 느낀 점을 기록해 보세요. 한눈에 8주간의 변화와 성취를 볼 수 있어 동기 부여에도 효과적입니다.

이렇게 만다라트를 습관 기록지로 활용하면 꾸준함의 힘을 경험할 수 있고, 자신의 성장과 변화를 직접 확인하면서 더 큰 자신감과 성취감을 느낄 수 있을 거예요. 습관은 하루아침에 완성되지 않지만, 작은 실천의 반복은 큰 변화를 만들어 냅니다. 만다라트를 통해 꾸준함의 마법을 경험해 보세요.

• 매일 30분 독서하기 • 매일 2L물 마시기 • 매일 아침 스트레칭하기	• 매일 30분 독서하기 • 매일 2L물 마시기 • 매일 아침 스트레칭하기	• 매일 30분 독서하기 • 매일 2L물 마시기 • 매일 아침 스트레칭하기	• 매일 30분 독서하기 • 매일 2L물 마시기 • 매일 아침 스트레칭하기	• 매일 30분 독서하기 • 매일 2L물 마시기 • 매일 아침 스트레칭하기	• 매일 30분 독서하기 • 매일 2L물 마시기 • 매일 아침 스트레칭하기	• 매일 30분 독서하기 • 매일 2L물 마시기 • 매일 아침 스트레칭하기	• 매일 30분 독서하기 • 매일 2L물 마시기 • 매일 아침 스트레칭하기
• 매일 30분 독서하기 • 매일 2L물 마시기 • 매일 아침 스트레칭하기	1주	• 매일 30분 독서하기 • 매일 2L물 마시기 • 매일 아침 스트레칭하기	• 매일 30분 독서하기 • 매일 2L물 마시기 • 매일 아침 스트레칭하기	2주	• 매일 30분 독서하기 • 매일 2L물 마시기 • 매일 아침 스트레칭하기	3주	• 매일 30분 독서하기 • 매일 2L물 마시기 • 매일 아침 스트레칭하기
• 매일 30분 독서하기 • 매일 2L물 마시기 • 매일 아침 스트레칭하기	• 매일 30분 독서하기 • 매일 2L물 마시기 • 매일 아침 스트레칭하기	**피드백** • 잘한 점 • 아쉬운 점 • 개선할 점	• 매일 30분 독서하기 • 매일 2L물 마시기 • 매일 아침 스트레칭하기	• 매일 30분 독서하기 • 매일 2L물 마시기 • 매일 아침 스트레칭하기	**피드백** • 잘한 점 • 아쉬운 점 • 개선할 점	• 매일 30분 독서하기 • 매일 2L물 마시기 • 매일 아침 스트레칭하기	**피드백** • 잘한 점 • 아쉬운 점 • 개선할 점
• 매일 30분 독서하기 • 매일 2L물 마시기 • 매일 아침 스트레칭하기	• 매일 30분 독서하기 • 매일 2L물 마시기 • 매일 아침 스트레칭하기	• 매일 30분 독서하기 • 매일 2L물 마시기 • 매일 아침 스트레칭하기	1주	2주	3주	• 매일 30분 독서하기 • 매일 2L물 마시기 • 매일 아침 스트레칭하기	• 매일 30분 독서하기 • 매일 2L물 마시기 • 매일 아침 스트레칭하기
• 매일 30분 독서하기 • 매일 2L물 마시기 • 매일 아침 스트레칭하기	4주	• 매일 30분 독서하기 • 매일 2L물 마시기 • 매일 아침 스트레칭하기	4주	**Dream** 성장습관 장착하기!	5주	• 매일 30분 독서하기 • 매일 2L물 마시기 • 매일 아침 스트레칭하기	5주	• 매일 30분 독서하기 • 매일 2L물 마시기 • 매일 아침 스트레칭하기
• 매일 30분 독서하기 • 매일 2L물 마시기 • 매일 아침 스트레칭하기	• 매일 30분 독서하기 • 매일 2L물 마시기 • 매일 아침 스트레칭하기	**피드백** • 잘한 점 • 아쉬운 점 • 개선할 점	6주	7주	8주	• 매일 30분 독서하기 • 매일 2L물 마시기 • 매일 아침 스트레칭하기	**피드백** • 잘한 점 • 아쉬운 점 • 개선할 점
• 매일 30분 독서하기 • 매일 2L물 마시기 • 매일 아침 스트레칭하기	• 매일 30분 독서하기 • 매일 2L물 마시기 • 매일 아침 스트레칭하기	• 매일 30분 독서하기 • 매일 2L물 마시기 • 매일 아침 스트레칭하기	• 매일 30분 독서하기 • 매일 2L물 마시기 • 매일 아침 스트레칭하기	• 매일 30분 독서하기 • 매일 2L물 마시기 • 매일 아침 스트레칭하기	• 매일 30분 독서하기 • 매일 2L물 마시기 • 매일 아침 스트레칭하기	• 매일 30분 독서하기 • 매일 2L물 마시기 • 매일 아침 스트레칭하기	• 매일 30분 독서하기 • 매일 2L물 마시기 • 매일 아침 스트레칭하기
• 매일 30분 독서하기 • 매일 2L물 마시기 • 매일 아침 스트레칭하기	6주	• 매일 30분 독서하기 • 매일 2L물 마시기 • 매일 아침 스트레칭하기	• 매일 30분 독서하기 • 매일 2L물 마시기 • 매일 아침 스트레칭하기	7주	• 매일 30분 독서하기 • 매일 2L물 마시기 • 매일 아침 스트레칭하기	8주	• 매일 30분 독서하기 • 매일 2L물 마시기 • 매일 아침 스트레칭하기
• 매일 30분 독서하기 • 매일 2L물 마시기 • 매일 아침 스트레칭하기	• 매일 30분 독서하기 • 매일 2L물 마시기 • 매일 아침 스트레칭하기	**피드백** • 잘한 점 • 아쉬운 점 • 개선할 점	• 매일 30분 독서하기 • 매일 2L물 마시기 • 매일 아침 스트레칭하기	• 매일 30분 독서하기 • 매일 2L물 마시기 • 매일 아침 스트레칭하기	**피드백** • 잘한 점 • 아쉬운 점 • 개선할 점	• 매일 30분 독서하기 • 매일 2L물 마시기 • 매일 아침 스트레칭하기	**피드백** • 잘한 점 • 아쉬운 점 • 개선할 점

마지막으로 만다라트를 활용해 인생 계획을 세우는 방법도 있습니다. 우리가 행복한 삶을 살아가려면 균형과 조화가 꼭 필요하잖아요. 이때 '인생의 수레바퀴'라는 개념을 활용하면 더욱 효과적으로 계획을 세울 수 있습니다.

'인생의 수레바퀴'는 보통 재정, 직업, 인간관계, 건강, 여가, 자기계발, 가족, 사회적 기여 등 8가지 영역으로 나뉘는데요. 이 각 영역에 대해 내가 이루고 싶은 목표나 실천하고 싶은 것들을 채워 나가면 삶의 균형을 잡고 조화를 이루는 데 큰 도움이 됩니다.

만다라트의 가운데 칸에 '행복한 삶'이라는 큰 목표를 적고, 나머지 8칸에 인생의 각 영역을 배치한 후, 각 영역에서 내가 바라는 모습이나 이루고 싶은 목표를 적어보세요. 이렇게 하면 한눈에 나의 인생 목표를 정리하고, 각 영역의 균형을 맞추는 데 도움이 될 거예요.

작은 목표부터 시작해 꾸준히 실천해 나가다 보면, 나만의 조화롭고 행복한 인생을 만들어갈 수 있답니다.

월급의 20% 저축하기	재테크 공부하기	부채 줄이기	연간 5회 이상 워크숍 진행	관련 자격증 취득	강의 스킬 Upgrade	월 1회 지인들과 만남	새로운 네트워킹 기회 만들기	지인들과 자주 연락하기
카드사용 줄이기	재정	가계부 쓰기	강의 모니터링	직업 (진로 강사)	보이스 트레이닝	공감하고 경청하기	인간관계	SNS 관리
월별 예산 세우기	추가 수입원 찾아보기	시드머니 5천 모으기	피드백을 통해 강의 개선점 찾기	강의 후 자기평가	새로운 교육 프로그램 연구하기	솔직하게 감정 표현하기	정중한 거절하기	경조사 챙기기
주 3회 운동하기	건강한 식습관 유지	명상으로 스트레스 관리	재정	직업	인간관계	분기별 여행	월 독서 1권 이상	새로운 취미 찾아보기
물 2L 마시기	건강	대중교통 이용하기	건강	행복한 삶	여가	월 1회 공연, 전시 보기	여가	친구와 운동하기
영양제 챙겨먹기	7시간 이상 수면	야식 금지	자기계발	가족	사회적 기여	혼자만의 힐링타임 갖기	취미 동오회 찾아보기	좋아하는 드라마, 영화보기
연간 2개 이상 강의 수강	관심 분야의 책 읽기	전문적인 강의 콘텐츠 개발	주1회 이상 가족과 함께 식사	가족 여행 연1회	부모님께 감사 표현하기	연간 4회 이상 봉사 활동	청소년 진로 상담 재능 기부	기부나 후원 참여
자격증 취득	자기계발	강사 브랜딩	가족한테 애정표현 자주하기	가족	추억 만들기 이벤트	지역사회 행사참여	사회적 기여	환경보호 활동에 동참하기
자기계발 워크숍 참여하기	목표달성을 위한 실천 계획 세우기	온라인 학습 플랫폼 활용하기	대화 자주하기	기념일 챙기기	가족의 날 만들기	필요로 하는 사람에게 자문해 주기	비영리 단체의 캠페인 참여	전문 지식 공유하기

한 줄로 나를 소개하는 한 문장

〈한 줄로 나를 소개하는 한 문장 만들기〉를 지금부터 시작해 보겠습니다.

우리는 살아가면서 수많은 선택을 합니다. 어떤 직업을 가질 것인지, 어떤 목표를 세울 것인지, 어떤 사람들과 함께할 것인지 등 크고 작은 결정들이 모여 우리의 인생을 만들어가죠. 하지만 때때로 우리는 방향을 잃고 흔들릴 때가 있습니다. 그럴 때마다 나의 정체성을 한마디로 정의한 문장은 마치 나침반처럼 나아갈 길을 다시금 확인하게 해 줍니다.

기업들은 브랜드를 만들 때 "슬로건"을 정하는데, 예를 들어 나이키(Nike)의 "Just Do It"은 행동과 도전을 강조하고, 애플(Apple)의 "Think Different"는 창의성과 혁신을 상징합니다. 이처럼 한 줄로 정의된 문장은 강력한 힘을 발휘하며, 사람들에게 브랜드의 핵심 가치를 명확하게 전달하죠.

우리도 마찬가지입니다. 내가 어떤 사람인지, 어떤 가치를 중요하게 여기는지, 어떻게 살아가고 싶은지를 담은 문장은 나 자신뿐만 아니라, 다른 사람들에게도 나를 이해하는 기준이 될 수 있습니다. 그리고 무엇보다 그 문장은 내 삶의 좌표가 되어 중요한 순간마다 방향을 잡아주는 역할을 합니다.

한 줄로 나를 표현하는 것은 단순한 문장 만들기가 아니라, 나의 신념을 담고, 삶의 목적을 분명히 하며, 흔들리지 않는 나만의 중심을 세우는 과정입니다. 그렇기에 깊이 고민하고, 스스로를 돌아보며 진정한 나를 표현하는 문장을 찾아보는 것이 중요합니다.

나를 소개하는 한 문장을 만들기 위한 5가지 질문에 답해보면, 나를 소개하는 한 문장을 어렵지 않게 만들 수 있을 거예요.

첫 번째로 나는 무엇을 가장 중요하게 여기는 사람인가?

나의 핵심 가치가 무엇인지 파악하는 것은 정체성을 확립하는 데 가장 중요한 요소예요. 어떤 사람이 "성장"을 중요하게 여긴다면, 그의 한 줄 문장은 "끊임없이 배우고 성장하는 사람"이 될 수 있고, "연결"을 중요하게 여긴다면, "사람을 이어주는 다리가 되는 사람"이 될 수 있죠.

두 번째로 나를 한 단어로 표현한다면 무엇인가?

복잡한 자기소개가 아니라 나를 단 한 단어로 정의하는 것은 내가 가진 특성을 가장 잘 드러내고, 한 줄 문장의 핵심 키워드가 될 수 있습니다. 예를 들어, "변화"라면 "세상에 변화를 일으키는 사람"처럼 확장할 수 있어요.

세 번째는 나는 어떤 순간에 가장 살아있다고 느끼는가?

내가 가장 열정적으로 몰입하는 순간은 내가 진정으로 원하는 삶과 연결될 가능성이 크겠죠? 이를 통해 나의 목적과 역할을 찾을 수 있고, 한 줄 문장에도 그 에너지를 담을 수 있습니다.

네 번째는 내가 돕고 싶은 사람들은 어떤 사람들인가?

단순히 내가 하고 싶은 일에서 끝나는 것이 아니라, 그것이 누구에게 어떤 영향을 미칠 수 있는지와 연결되어 내가 돕고 싶은 대상이 명확해질수록 나의 정체성이 더욱 구체적으로 드러날 수 있어요.

다섯 번째는 사람들이 나를 떠올릴 때 어떤 말로 기억되었으면 좋겠는가?

우리는 결국 다른 사람들과의 관계 속에서 존재하죠, 누군가에게 어떤 사람으로 기억될지는 나의 삶의 방향과 밀접하게 연결되는데, 예를 들어 "희망을 주는 사람", "늘 도전하는 사람", "변화를 만들어 내는 사람"과 같이 떠올리고 싶은 이미지가 곧 나의 한 줄 문장이 될 수 있습니다.

자신의 역할, 가치, 목표, 그리고 영향력을 한 문장으로 표현하는 것은 곧 나의 정체성을 명확히 하는 과정입니다. "나는 [대상]이 [가치/목표]할 수 있도록 [행동/서비스]하는 사람이다."

확장하면 "나는 [누구]에게 [어떤 방식]으로 [무엇]을 제공하여 [어떤 변화를 만들고 싶은지]를 실현하는 사람이다."라고 표현을 돕기 위해 3W1B 공식을 만들었습니다.

첫 번째는 대상(Who)으로, 내가 돕고 싶은 사람을 정의하는 부분입니다. 어떤 사람을 돕고 싶은지에 따라 대상은 개인이나 회사, 학생, 부모, 직장인, 주부 등이 될 수 있겠죠. 예를 들어, 내가 상담사라면 내담자가 될 수 있고, 강사라면 강의를 듣는 사람들이 될 수 있습니다.

두 번째는 가치/목표(Why)로, 내가 중요하게 여기는 가치나 궁극적인 목표를 명확히 표현하는 부분입니다. 예를 들어 성장, 변화, 행복, 자립 등의 가치를 포함합니다. 교육 전문가라면 "나는 사람들이 자신의 가능성을 발견하고 성장할 수 있도록 자기계발 교육을 제공하는 OOO이다."라고 소개할 수 있습니다.

세 번째는 행동/서비스(What/How)로, 내가 제공하는 서비스나 활동 방식을 설명하는 부분입니다. 교육이나 상담, 코칭, 기획, 콘텐츠 제작 등의 형태입니다. 예를 들어, 4대 폭력 예방 강사라면 "나는 사람들이 건강한 조직 문화를 형성하고, 안전한 환경에서 일할 수 있도록 4대 폭력 예방 교육을 제공하는 강사

OO이다."라고 할 수 있습니다.

네 번째는 혜택(Benefit)으로, 내가 하는 일을 통해 대상이 얻게 될 긍정적인 변화를 나타내는 부분입니다. 예를 들어 더 나은 삶, 성취감, 행복, 자아실현 등의 혜택들이 있는데, 심리 상담사라면 "나는 내담자가 자기 자신을 이해하고 행복한 삶을 찾을 수 있도록 심리 상담을 돕는 OO이다."라고 할 수 있겠죠.

설명드린 3W1B 공식을 적용해 단순한 직업적 설명을 넘어, 자신의 역할과 사명을 담은 강력한 한 줄 메시지를 만들 수 있습니다. "저는 엄마와 아이들의 꿈을 찾고 성장을 돕는 드림메신저 김자영입니다."라고 소개를 하고 있습니다. 확장한다면 "저는 자신을 잃고 살아가는 사람들에게 삶의 주인이 되어 자신의 가능성을 발견하고 성장할 수 있도록 돕는 드림메신저 김자영입니다."라고 소개할 수 있겠죠.

프로젝트에 참여했던 분들의 한 줄로 나를 소개하는 한 문장을 만나보실까요.

나는 자유여행을 어려워하는 사람들에게 제가 경험했던 여행지, 캠핑장을 소개하며 패키지가 아닌 자유여행을 통해 여행지의 매력을 느낄 수 있도록 돕는 꿈꾸는 돌멩이 OOO이다.	나는 혼자 고립된 느낌으로 힘들어하는 사람들에게 마음을 다해 공감해 주고, 그들의 입장에서 소통하면서 도움을 주는 선한 영향력 OOO이다.
소통을 어려워하는 사람들에게 나와 너가 아닌 '우리'라는 마음으로 마음의 목소리를 이끌어 어루만지는 소통의 구어가 OOO이다.	나는 변화를 꿈꾸는 엄마들에게 열정으로 도전과 변화를 보여주며 다른 사람의 변화와 도전으로 성장을 돕는 도전 골든맘 OOO이다.

여러분도 이 공식을 적용해 자신만의 정체성을 담은 문장을 만들어 보세요.

나는 [대상]이 [가치/목표]할 수 있도록 [행동/서비스]하는 사람이다.

나는 [   ]이 [   ]할 수 있도록

[   ]하는 사람이다.

한 줄로 나를 표현하는 것은 단순한 문장 만들기가 아니라, 나의 신념을 담고, 삶의 목적을 분명히 하며, 흔들리지 않는 나만의 중심을 세우는 과정이라고 했습니다. '~되고 싶다'가 아니라 확신의 문장으로 완성하시면 좋겠습니다. 더불어 살면서 흔

들릴 때마다 여러분들의 〈정체성을 담은 한 줄로 나를 나타내는 한 문장〉을 떠올리며 스스로를 믿고 그 뜻을 세워 나가길 바라겠습니다.

나의 비전을 담은 드림보드

만다라트를 통해 나의 목표와 비전을 정리하고, 나를 한 문장으로 정의했다면, 이제 그 목표와 문장이 내 삶 속에서 어떻게 펼쳐질지 구체적으로 그려볼 차례입니다. "꿈은 이루어진다!" 나의 비전을 담은 드림보드를 만들어 볼게요.

R = VD라는 공식, 들어보셨나요? 이 공식은 생생하게(Vivid) 꿈꾸면(Dream) 결국 이루어진다(Realization)는 의미입니다. 이는 마치 끌어당김의 법칙처럼, 우리가 온 마음과 열정을 다해 집중하는 곳으로 에너지가 흘러가며, 그 목표를 향해 한 걸음씩 다가가게 된다는 원리를 담고 있습니다. 꿈과 목표를 이루는 데 있어 가장 중요한 것은 마음과 행동, 그리고 노력의 일치입니다. 마음속으로 원하는 바를 분명히 하고, 그에 맞춰 행동하며 꾸준히 노력할 때, 성공의 가능성은 더욱 높아지죠.

저는 드림보드를 만들어 꿈을 실현하는 데 필요한 동기부여와 방향성을 확실히 다질 수 있었습니다. 꿈을 시각화함으로써 더 확신을 가지고 내 삶의 목표에 집중할 수 있게 되었고, 이 과정이 제게 큰 도움이 되었습니다. 드림보드는 단순히 꿈을 그린 그림이 아니라, 이미지와 사진을 콜라주 방식으로 엮어 나의 꿈, 목표, 그리고 행복의 요소들을 명확하게 시각화하는 도구입니다. 비전보드, 보물지도, 비전 맵으로 불리기도 합니다.

여행을 떠날 때 짐을 챙기듯이, 효과적인 드림보드를 만들기 위해서도 준비 과정이 필요합니다.

드림보드를 만들기 전에 거쳐야 할 네 가지 중요한 과정이 있는데, 그중 첫 번째가 바로 꿈과 목표를 떠올리는 것입니다.

단순히 "성공하고 싶다."라고 막연히 생각하는 것이 아니라 어떤 분야에서, 어떤 모습으로, 어떤 성취를 이루고 싶은지 최대한 구체적으로 떠올려보세요. 목표를 명확하게 설정하면, 이를 이루기 위한 실질적인 계획을 세우기가 훨씬 쉬워집니다.

후회 없는 삶을 살기 위해서는 나의 꿈과 목표를 명확하게 인지하고, 이를 실현할 구체적인 단계까지 계획하는 것이 필수적입니다.

목표를 설정함에 있어 구체적인 숫자와 기한을 꼭 넣어서 작성하고, '왜' 그것을 이루고 싶은지 깊이 고민해 보세요. 동기가 분명할수록 실천도 쉬워집니다.

두 번째로, 삶의 방향성을 더욱 확실히 하는 큰 질문을 던지고 답해 보는 것입니다.

드림보드를 만들기 전에, 스스로에게 큰 질문을 던지고 답해 보는 과정이 필요합니다. 이렇게 하면 내가 진정으로 원하는 삶의 모습이 무엇인지 더욱 선명해질 거예요.

Q. 내가 생각하는 좋은 삶이란?
Q. 어떤 삶이 가치 있는가?
Q. 죽음을 앞두고 어떤 성취를 이루었기를 바랄까?

이 질문들에 대한 답을 깊이 고민하다 보면, 단순한 단기적인 욕망이 아니라, 진정으로 원하는 삶의 모습이 떠오르게 됩니다. 그렇게 되면 목표를 더욱 의미 있게 정리할 수 있고, 드림보드에 담을 내용도 자연스럽게 구체화될 것입니다.

세 번째로, 큰 질문을 구체적으로 세분화하는 겁니다.

드림보드에 담을 내용을 깊이 고민하려면, "나는 어떤 삶을 살고 싶은가?"와 같은 큰 질문보다 구체적으로 나누는 것이 중요합니다. 이렇게 하면 목표를 더욱 선명하게 정리할 수 있고, 나아가야 할 방향을 명확히 설정할 수 있습니다.

다음 질문들을 하나씩 읽고 차근차근 답해 보세요. 앞서 했던 활동들을 떠올리면 보다 쉽게 답할 수 있을 것입니다.

Q. 배우고 싶은 새로운 기술이나 활동이 있나요?
배움은 우리의 성장과 직결됩니다. 예를 들어, 악기를 연주해 보고 싶거나, 새로운 언어를 익히고 싶거나, 요가나 명상 같은 활동을 시작하고 싶은지 고민해 보세요.

Q. 현재 즐기고 있는 취미나 관심 있는 활동들은
무엇인가요?

그 취미나 활동을 더 잘하기 위해 어떤 능력을 기르고 싶은지 생각해 보세요. 예를 들어, 그림을 그리는 취미가 있다면 더 전문적인 기술을 익혀 전시회를 열고 싶을 수도 있고, 외국어를 익혀 여행에서 자유롭게 소통하고 싶을 수도 있습니다.

Q. 직업적으로 어떤 성취를 이루고 싶은가요?

10년 후, 당신은 어떤 위치에서 어떤 일을 하고 있을까요? 현재의 커리어를 어떻게 발전시키고 싶은지 구체적으로 정리해 보세요.

Q. 꿈을 이루기 위해 어떤 단계들을 거쳐야 할까요?

큰 목표는 한 번에 이루어지지 않습니다. 작은 단계들을 차근차근 밟아나가야 합니다. 예를 들어, '사업을 시작하고 싶다'면, 먼저 어떤 사업을 할 것인지 조사하고, 필요한 자금을 마련하고, 관련된 기술이나 자격을 갖추는 것처럼 세부 단계를 계획할 수 있습니다.

Q. 가족, 친구, 동료들에게 어떤 사람으로 기억되고

싶은가요?

배려심이 깊은 사람, 도전적인 사람, 영감을 주는 사람 등 당신이 원하는 모습을 떠올려보세요.

이처럼 질문을 세분화하면 단순히 목표를 떠올리는 것을 넘어, 진정으로 원하는 삶의 방향을 구체적으로 정리할 수 있습니다. 드림보드는 그 비전을 시각적으로 표현하는 도구인 만큼, 이 과정이 매우 중요합니다.

네 번째로, 테마 선정하기입니다.

드림보드를 만들기 전, 어떤 테마를 중심으로 작업할지 고민하는 것이 중요합니다.

모든 꿈을 하나의 드림보드에 담을 필요는 없습니다. 각각의 목표나 관심사에 따라 테마를 나누어 여러 개의 드림보드를 만들어 보는 것도 좋은 방법입니다.

예를 들어, 이루고 싶은 직업적 목표나 성장 방향을 중심으로 커리어 & 성공 테마로 운동, 식습관, 마인드풀니스 등 건강한 삶을 위한 요소들을 건강 & 웰빙 테마로 가고 싶은 곳, 원하는 삶의 방식 등을 표현하는 여행 & 라이프스타일 테마로 부의 축적, 자산 관리, 투자 등에 대한 비전을 담은 재정 목표 테마로 정하면 더 명확하고 집중적인 드림보드를 만들 수 있습니다.

이렇게 테마를 나누면, 각각의 목표에 집중할 수 있는 명확하고 효과적인 드림보드를 만들 수 있습니다.

이제 본격적으로 드림보드를 만들어 볼까요? 효과적으로 만들 수 있도록 한 단계 한 단계 나아가 보겠습니다.

첫 단계는 포맷을 정합니다. 미리 캔버스, 캔바 같은 디자인 툴을 활용해 디지털로 만드는 방법과 잡지에서 원하는 이미지를 오려 붙이거나, 프린트한 사진을 활용해 직접 만드는 방법이 있습니다.

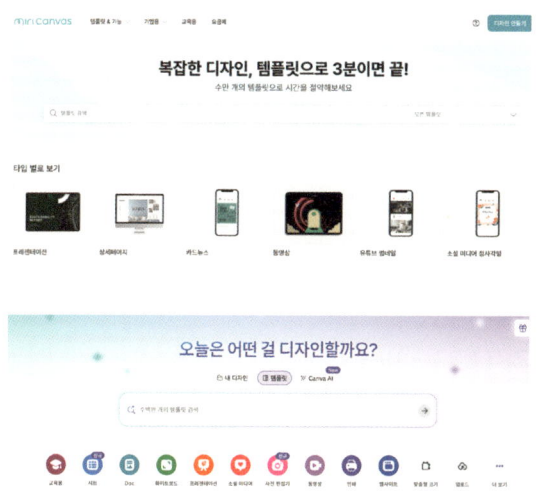

[사진 출처: 미리캔버스 / 캔바]

두 번째 단계는 영감을 주는 이미지를 수집합니다. 목표와 관련된 이미지, 사진, 색상 등을 찾아보세요. 예를 들어, '세계여행'이 목표라면 가고 싶은 나라의 풍경 사진을, '건강한 몸'이 목표라면 운동하는 모습이 담긴 이미지를 모으는 방식입니다.

[사진 출처: pixabay]

세 번째 단계는 표현할 문구를 찾습니다. "나는 모두 이루었다.", "나는 가능성을 믿는다.", "건강한 습관이 성공을 만든다." 처럼 동기부여가 되는 명언이나 직접 만든 슬로건, 간결한 목표 등을 추가하는 거죠.

마지막 단계는 배치하고 완성하는 겁니다. 이미지와 문구를 조화롭게 배열하려면 시각적으로 마음을 끄는 형태로 디자인해 보세요.

꿈담 프로젝트에 참여해 주셨던 분들께서 만들어주신 드림보드예요.

꿈담 프로젝트의 여정을 함께하며 상상조차 하지 못했던 다양한 꿈들을 드림보드에 그려내면서 설레어하는 행복한 모습을 보는데, 제가 더 뭉클하고 뿌듯했답니다.

드림보드는 단순한 콜라주가 아니라, 여러분이 원하는 삶을 구체적으로 시각화하고, 이를 실현하는 강력한 도구입니다. 마치 미래를 그리는 지도처럼, 드림보드는 여러분이 꿈을 향해 나아갈 길을 안내합니다. 드림보드를 만든 후, 그걸 한 번 보고 끝내는 것이 아니라, 매일 볼 수 있는 곳에 두고 자주 들여다보세요. 시각적으로 목표를 반복해서 확인하는 것만으로도, 그 목표를 향해 더 빨리 다가갈 수 있도록 동기부여할 것입니다.

중요한 것은 드림보드가 '결과'만 가져다주는 것이 아니라, 과정과 여정까지 시각화하는 데 있다는 점입니다. 목표를 이루는 과정에서도 동기부여를 잃지 않고, 지속적으로 나아가고 싶다면, 드림보드는 그 과정을 함께 그려주는 훌륭한 도구가 될 것입니다. 여러분의 꿈을 실현하는 데 있어 강력한 믿음과 실천이 필요합니다. 드림보드를 통해 그 믿음을 강화하고, 매일 한 걸음씩 꿈에 가까워지는 여정을 즐기세요. 여러분의 꿈은 이루어집니다! 반드시!

여러분들도 워크지에 여러분만의 드림보드를 한번 작성해 보세요.

핵심포인트

4강. 꿈을 담다

내안의 꿈을 알아차렸다면 이제는 구체화하고 실행 가능한 계획으로 만들어야 합니다. 막연하게 "하고 싶다"는 바람만으로는 꿈이 현실이 되기 어렵기 때문에, 이 시간에는 꿈을 작고 구체적인 목표들로 나누는 연습을 해보는 겁니다.
이처럼 꿈을 구체화하면, 마음속에만 있던 희망이 눈앞의 현실로 펼쳐지는 순간을 경험하게 될 것입니다.

[작은 꿈에서 시작되는 실행력]
구체적이고 작은 목표는 성공 경험을 제공하고, 이는 자존감과 동기를 키워줍니다.

[꿈은 하나의 목적지이며, 세분화된 단계는 길을 안내하는 표지판]
로드맵이 있어야 좌절 없이 방향을 잃지 않고 나아갈 수 있습니다.

[우선순위 선정을 통한 균형적인 설계]
실천의 중요도를 파악하며 균형 잡힌 삶을 설계할 수 있습니다.

"산을 옮기려면 작은 돌부터 옮겨야 한다."
진짜 중요한 건 첫 걸음, 계획이 완벽하지 않아도 괜찮습니다.
'지금 당장 할 수 있는 한 가지'를 실천해 보세요.

| 실전 워크시트 4강 |

나의 꿈과 비전을 세우는 시간

활동 방법 ▶

　아래 공식을 적용해 자신만의 정체성을 담은 문장을 만들어 보세요.

한 줄로 나를 소개하는 한문장

나는 [대상]이 [가치/목표]할 수 있도록
[행동/서비스]하는 사람이다

나는[　　　]이[　　　　　]할 수 있도록
　[　　　　　　　]하는 사람이다.

한 줄로 나를 소개하는 한문장

꿈을 실현하는 최고의 기술!
만다라트

만다라트를 작성 꿀팁!
1. 중심단어는 폭넓은 의미를 가진 단어로 설정하기
2. 바깥단어는 실행을 위한 세부적인 단어로 작성하기
3. 달성결과를 파악하기 좋게 수치나 횟수를 세부적으로 정하기
4. 긍정적으로 실천할 수 있는 계획 세우기
5. 빈칸을 채우려 노력하기(나중에 변경 또는 추가가능)

나의 비전을 담은 드림보드

제 5 강

다시 꿈을 꾸다

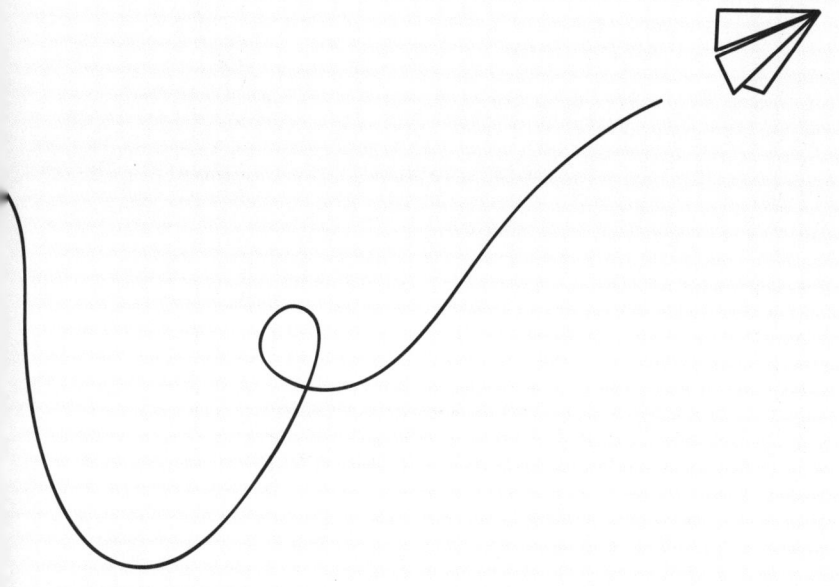

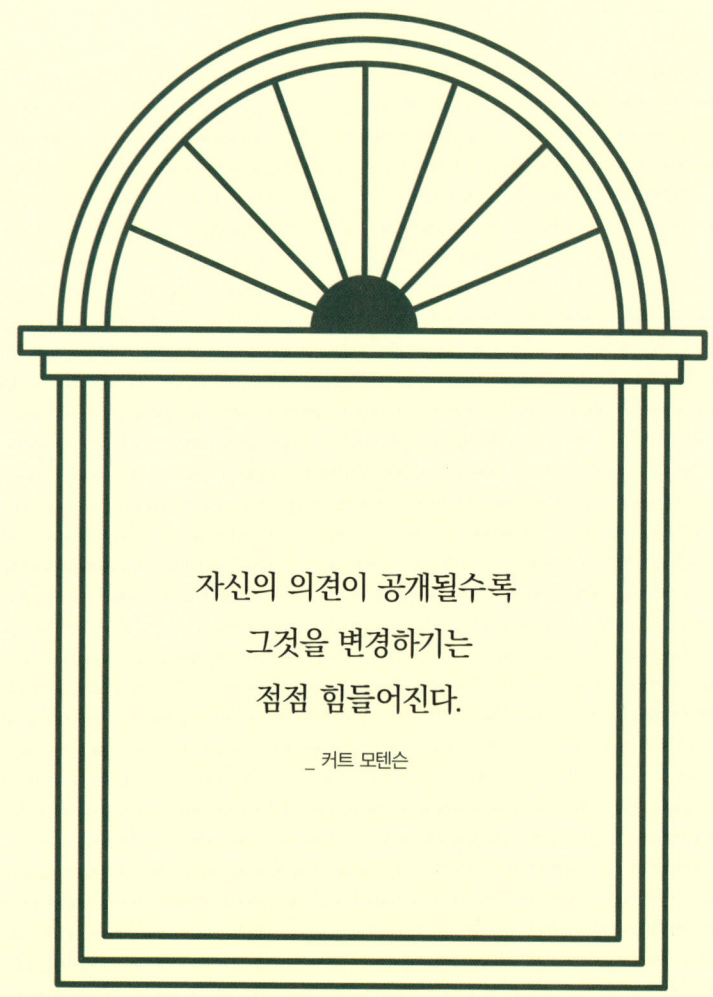

자신의 의견이 공개될수록
그것을 변경하기는
점점 힘들어진다.

_ 커트 모텐슨

우리는 그동안 과거의 나를 돌아보고 현재의 나를 인식하는 여정을 지나 앞으로 내가 그리고자 하는 삶인 꿈을 세우는 시간을 가졌습니다. 그리고 지난 시간 미래의 꿈을 현실로 만드는 드림보드 작성법에 대해 알아봤는데요. 주어진 워크시트를 활용해 드림보드를 작성하였지요. 오늘은 나를 찾아 꿈을 피우는 마지막 시간으로 나의 꿈을 세상에 알리고 실행력을 높이는 '다시 꿈을 꾸다' 시간을 갖도록 하겠습니다.

공개선언 효과란

멋지게 만든 드림보드를 보며 꿈꾸는 미래가 마치 이루어진 것과 같은 설렘과 기쁨을 느끼고 있나요? 지금의 결심과 목표가 작심삼일이 되지 않도록 우리는 무엇을 하면 좋을까요?

설득 전문가인 커트 모텐슨(Kurt W. Mortensen)은 "자신의 의견이 공개될수록 그것을 변경하기는 점점 힘들어진다."고 말했습니다. 새해가 될 때마다 올해는 꼭 다이어트를 하겠다고 다짐하지만, 며칠 후 과자봉지를 뜯고 있는 나를 만나지 않으려 'MyFitnessPal'과 같은 애플리케이션을 사용하여 체중 감량 목표를 공유하고, 그 과정을 공개한 사람들은 그렇지 않은 사람들보다 목표 달성률이 높았다고 합니다.

종종 SNS에서 보이는 '바디 프로필'을 찍고자 하는 인플루언서들도 자신의 목표를 많은 팔로워들에게 공유하며 달성 의지를 높이곤 하는데, 이를 '공개선언 효과'라고 합니다.

'공개선언 효과'란, 개인이 자신의 목표를 공개적으로 공유함으로써 그 목표에 대한 책임감을 높이고, 실제 그 목표를 달성할 가능성을 증가시키는 현상을 말합니다.

이는 떠벌림 효과(Profess Effect)라고도 하죠. 다른 사람들과 관계를 맺고 살아가는 우리는 그들의 기대를 의식하고, 다른 사람들의 인식이나 평가를 중요하게 여깁니다. 나아가 우리가 가진 다른 사람들의 기대와 자신의 이미지를 유지하고자 하는 욕구는 개인의 행동과 결정에 큰 영향을 미치고 스스로 행동하게 만들기에, 공개적으로 선언한 것은 지키려고 더 열심히 하게 되는 공개선언 효과를 가져오게 합니다.

나의 꿈을 상상하라

목표를 세우고 꿈을 꾸는 것, 그것은 시작의 첫걸음입니다. 우리가 꿈을 상상할 때 단순한 상상이 아니라, 그 꿈을 현실로 만들기 위한 구체적인 계획의 첫 단계입니다. 꿈을 상상하는 과정에서 가장 중요한 것은 '어떤 모습으로 이루어질지' 그림을 뚜렷하게 그려보는 것입니다. 그 꿈이 실현되는 순간을 생생하게 상상하면서 우리는 그 꿈을 이루기 위한 행동을 자연스럽게 시작하게 됩니다.

상상 속에서 우리는 그 꿈을 이미 이루었다고 믿으며, 그 목표를 향해 조금씩 나아가게 되는데, 이는 공개선언의 효과와도 연결됩니다. 꿈을 상상하고, 그것을 구체적으로 그려보는 과정에서 우리는 이미 한 걸음 내디뎠음을 느낄 수 있습니다. 나아가 그 상상은 우리가 목표를 실현하려는 동기를 더욱 강하게 만들어줍니다. 꿈을 이루기 위해서는 그 꿈이 실현된 모습을 상상하고, 그 모습을 목표로 삼아 하루하루 실천을 이어가는 것이 중요합니다.

오프라 윈프리는 어린 시절 매우 어려운 환경에서 자랐지만, 그녀는 자신의 꿈을 꾸기 시작했고, 방송인으로서 성공을 목표로 삼았습니다. 그 과정에서 많은 어려움과 실패를 겪었지만, 그녀는 자신의 꿈을 상상하며 그 꿈을 현실로 만들기 위해 계속해서 노력했습니다. 결국 그녀는 자신의 쇼를 진행하며 세계적인 TV 진행자로 자리매김했고, 사회적 영향력도 미쳤습니다. 오프라는 자신이 상상한 대로, 꿈을 현실로 만들어 냈습니다.

'세상을 바꾸는 혁신적인 기술'을 꿈꾸며 애플을 창업했던 스티브 잡스는 "사람들이 원하는 것을 미리 상상하고, 그것을 실현시키는 것"이 중요하다고 믿었습니다. 단순히 좋은 제품을 만드는 것이 아니라, 사람들의 삶을 변화시키는 기술을 만드는 것이기에 아이폰, 아이패드, 맥북 등 혁신적인 제품들이 그의 상상 속에서 시작되었고, 결국 세상을 변화시켰습니다. 이처럼 꿈을 상상하고 그것을 구체적으로 계획하여 실현한 사례들은 무수히 많습니다. 그들의 공통점은 꿈을 '상상'하는 데서 시작해, 그 꿈을 실현하기 위한 구체적인 노력과 행동으로 이어졌다는 점입니다. 꿈은 단순히 마음속에서 떠오르는 생각이 아니라, 실제로 이루어질 수 있는 목표로 변화시키는 과정이 중요합니다.

세상에 꿈을 알리다

이런 원리를 바탕으로 꿈담 프로젝트 [다시 꿈을 꾸다]에서는 드림보드를 공개하는 시간을 가졌습니다.

우리의 목표를 비밀처럼 간직하지 말고 세상에 공개해 현실로 만들어 보죠.

일론 머스크는 화성에 사람을 보내겠다는 꿈을 공개적으로 선언했습니다. 얼핏 말도 안 되는 목표 같았지만, 그는 스페이스X를 설립하고 달·화성 탐사 우주선 스타십을 개발해 시험비행을 계속하며 화성 이주계획의 실행을 앞당겨 현실로 만들어 가고 있습니다.

드림메이커로 활동하고 있는 저는 누군가의 앞에서 공개적으로 나의 목표와 꿈을 이야기한 순간을 생각하면, 육아로 인한 경력 단절의 시기를 거쳐 진로교육 강사로 첫발을 내디뎠던 수년 전의 기억이 떠오릅니다.

아이들을 위해 엄마도 알아야 한다는 필요를 느껴 시작한 진로공부, 당시엔 그때그때 주어지는 상황을 따라가며 일을 쳐내듯 배우고 실행하고 있다고 생각했는데, 돌아보니 나를 세우고 꿈을 찾아 나가는 과정이었습니다.

이 여정을 거쳐 작성한 저의 드림보드는 교육현장에서 16주 이상의 교육과정을 혼자서 온전히 운영해 보고 싶다와, 배우며 생각했던 내용들을 담아 새로운 교육 콘텐츠를 만들어 현장에서 교육하고 싶다는 것이었고, 저는 이 드림보드를 함께 공부한 선생님들과 가족들 앞에서 선언했습니다.

그리고 일 년 후 저는 놀랍게도 드림보드의 내용을 모두 이루었습니다. 공개 선언한 첫해 달력에 드문드문 적혀있던 강의 일정들이 이제는 빽빽하게 채워져 있을 정도로 하고 싶은 일들을 하며 보내고 있고, 자연스레 확장된 관심 분야들에 맞춰 매년 새롭게 공부하며 매일을 보내고 있죠.

"목표를 이룬 자신의 모습을 상상하고 그 모습대로 행동하라."는 밥 프록터의 말처럼, 공개선언의 힘을 느끼며 내일 이루고 싶은 것을 어제 이룬 것처럼 말하고 행동하며 매년 버킷리스트와 드림보드를 정리하고 있습니다.

드림메신저인 저는 5년의 목표를 가지고 드림보드를 만들어 SNS에 공유하며 운영하고 있는 커뮤니티 및 협업하고 있는 대표님들의 커뮤니티에서도 소개를 하며 공개했습니다. 처음에는 이렇게 공개적으로 소개하는 것이 부끄럽다는 생각이 들기도 했지만, 그만큼 책임감 있게 이룰 수 있을 거라는 확신을 갖

고 용기를 냈습니다. 덕분에 공개했던 드림보드를 바탕으로 5개 중 3개의 꿈을 이루었는데요,

첫 번째로 다드림스쿨 커뮤니티를 만들어 꿈을 찾고 성장할 수 있도록 다양한 프로젝트와 클래스를 운영하고 있습니다.

두 번째로 끊임없는 배움을 통해 강사로서도 영역을 확장해 전문강사로서 성장해 나가고 있습니다. 최근에는 휴먼인큐베이터 도구를 활용하는 센터를 오픈해 행복한 삶을 살아갈 수 있도록 돕고 있으며. 라오스 학교 짓기 프로젝트를 통해 올해 5월 초등학교 내에 도서관을 설립하기 위한 봉사여행을 앞두고 있습니다.

최근에는 올해의 비전보드를 만들어 휴대폰의 배경화면에 넣어 자주 보며 실행력을 높이기 위해 노력하고 있는데요. 여러분도 상상에 그치지 않고 현실로 만들어 가는 기적을 경험해 보셨으면 좋겠습니다.

꿈담 프로젝트의 현장에서도 [꿈을 담다] 시간에 만든 드림보드를 참여자들과 함께 공개 선언하며 각자 꿈에 도달할 수 있도록 서로 격려하고 지지하는 시간을 가졌습니다. 현장에서 꿈담 프로젝트에 참여하지 않고도 공개선언을 하는 방법은 무엇이 있을까요?

먼저 우리 일상 속에서 늘 보이는 가까운 공간에 게시하는 것입니다. 냉장고 문이나 현관문처럼 자주 마주하는 장소에 드림보드를 두면 매일 자연스럽게 목표를 떠올릴 수 있죠. 아침에 눈을 뜨자마자 보이는 곳이나, 책상 위에 드림보드를 배치하는 것도 좋은 방법입니다. 이처럼 일상 속에서 꿈을 마주한다면 무의식적으로 목표를 각인시켜 줍니다.

가족과 친구들에게 자신의 꿈을 알리는 것도 매우 효과적입니다. 예를 들어, 가족들과의 저녁 식사 자리에서 드림보드에 담긴 목표에 대한 이야기를 하거나, 친구들과의 만남에서 꿈을 공유해 보세요. 가까운 사람들과 목표를 공유하면, 그들의 지지와 격려를 받아 스스로의 다짐이 더 단단해질 수 있습니다.

한 걸음 더 나아가, 디지털 세상에서 꿈을 선언하는 방법도 있습니다. 요즘은 누구나 SNS를 통해 자신을 표현하고 소통하고 있죠. 프로필 사진이나 휴대폰 배경화면으로 드림보드를 설정하면, 이를 보는 사람들에게 자연스레 자신의 목표를 알릴 수 있고, 친구들과 팔로워들이 응원을 보낸다면 목표에 대한 책임감이 높아질 것입니다. 또한 SNS에 드림보드의 의미와 목표를 설명하는 글을 올려보는 것도 좋겠습니다. 해시태그를 활용하면 같은 관심사를 가진 사람들과 연결돼 서로에게 도움을 줄 수도 있으니까요.

마지막으로, 같은 목표를 가진 사람들과 함께 챌린지에 참여하거나, 운영하는 것도 드림보드를 공개적으로 선언하는 강력한 방법입니다. 검색을 통해 다양한 목표 달성 챌린지를 찾아보세요.

예를 들어, 건강을 위해 만보 걷기 챌린지에 참여한다거나, 온전히 나에게 집중하는 시간을 마련하기 위해 미라클모닝 챌린지에 참여하면 동기부여를 받고 실행력을 유지하는 데 큰 도움이 됩니다. 스스로 드림보드와 관련된 챌린지를 만들어 운영해 보는 것도 좋습니다. "30일 감사일기 실천" 같은 주제를 정하고, 이를 SNS 커뮤니티나 오프라인 모임을 조직해 이끌어 나가는 것도 목표를 향한 동력이 될 것입니다. 꿈을 실현하기 위해 가장 중요한 것은 그것을 행동으로 옮기는 일입니다.

목표를 이루지 못하거나 중도에 포기했을 때, 두려움이나 스트레스로 인해 공개선언을 꺼려하는 경우도 있습니다. 우리 안에 가장 큰 적은 두려움이라고 하죠. 이 두려움은 실패하거나 부족하다고 느껴질까 봐 걱정하는 마음인데요, 두려움이 주는 약간의 스트레스는 오히려 우리를 앞으로 나아가게 합니다.

"여기서 멈출 수 없어!", "이제 그만 둘 수 없어!"라는 생각을 들게 만드는 거죠.

성공은 갑자기 찾아오는 행운이 아니라, 스스로 만들어 가는 과정입니다.

이제 당신의 꿈을 세상에 말해보세요. 꿈을 현실로 만드는 중요한 밑거름이 될 것입니다.

나를 찾아 꿈을 피우는 꿈담 프로젝트를 통해 다섯 번의 시간을 가지며 나를 찾아 떠나는 여정을 함께했습니다. 여러분의 꿈은 이미 피어나기 시작했습니다.

이제 자신의 삶 속 주인공이 되어 그 꿈을 키우고 가꾸어 나갈 시간입니다.

꿈을 향해 한 걸음 더 다가가길 바랍니다.

핵심포인트

5강. 다시 꿈을 꾸다

우리가 드림보드를 세상에 공개한 이 순간부터 '나의 꿈'은 더 이상 혼자만 간직하는 희망사항이 아닙니다. 이제 나를 응원하고 지켜봐 줄 '꿈의 증인'을 만들 차례입니다. '꿈의 증인'을 설정하면 나의 의지는 더욱 굳건해지고, 우리는 더 꾸준히, 더 용기 있게 앞으로 나아갈 수 있습니다.

[다시 시작하게 하는 감정의 점화]
마음속 깊은 바람을 꺼내어 감정적으로 연결될 때, 꿈을 향해 다시 나아갈 용기가 생깁니다.

[말과 공유를 통한 실행 선언]
드림보드를 만들고 나누는 과정은 내 꿈을 세상에 알리는 약속이며 책임감을 심어줍니다.

[함께 꾸는 꿈, 지속가능한 성장의 시작]
서로의 꿈을 듣고 지지하는 과정은 나의 꿈을 지켜줄 든든한 응원과 실행 기반이 되어 줍니다.

"당신의 계획을 말하라. 그것이 당신을 움직이게 할 것이다."
여러분의 꿈이 담긴 드림보드가 단순한 그림이 아닌, 여러분의 삶을 이끄는 나침반이 되기를 바랍니다. 오늘 함께한 이 순간이 미래의 중요한 이정표가 되어, 한 걸음 더 나아가 '꿈을 실현하는 사람'으로 나아가 보세요.

실전 워크시트 5강

나의 꿈을 향한 한 걸음

활동 방법 ▶

오늘 해야 하는 일이나 목표를 작게 나누어 체크리스트를 작성하고, 실천력을 높여 성공의 경험을 만드세요.

Project Challenge

day

day

day

day

day

day

day

day

day

day

day

day

day

day

day

day

day　　　　　　　　*day*

day　　　　　　　　*day*

day　　　　　　　　*day*

day　　　　　　　　　　*day*

day　　　　　　　　　　*day*

day　　　　　　　　　　*day*

day *day*

day *day*

day *day*

에필로그

나를 찾아 꿈을 피우는 꿈담 프로젝트를 책으로 펴내며....

새로운 시작을 준비하던 나와, 같은 마음으로 망설이고 있을 누군가의 손을 잡아주고 싶다는 바람에서 시작한 꿈담 프로젝트는 내가 다시 꿈을 피워 온 과정과 더불어 교육현장에서 만난 수많은 이들과 함께해 온 과정을 담아 탄생했습니다. 꿈담 프로젝트를 통해 때로는 잊고 있던 나의 꿈을 떠올리며 눈물 흘리기도 하고, 가슴 뛰는 내 안의 이야기를 꺼내어 세상으로 한 걸음 나아가는 여정을 함께하며 진로를 찾는 일은 비단 아이들에게만 필요한 것이 아님을 새기고 또 새겼습니다.

꿈담 프로젝트에 함께한다고 해서 당장 새로운 직업을 얻게 되는 것은 아니지만, 당장 일을 새롭게 시작하는 사람들에게만 필요한 과정이 아닌, 나를 찾고 조금 더 성장한 내일을 살아가고 싶은 아이와 어른 모두를 위한 과정임에는 분명합니다. 자신만의 속도와 방향을 찾아가는 걸음을 더 많은 사람들과 함께하자는 생각으로 현장의 과정을 지면에 옮기기 시작했지만, 생각보다 글로 옮기는 작업은 쉽지 않더군요.

그럼에도 이렇게 포기하지 않고 마무리할 수 있는 것은 누구보다 그 필요를 느끼는 사람으로서 제가 바로 이러한 과정을 거쳐 꿈을 찾고 세워 피워가는 산증인이기 때문입니다. 그리고 나와 같은 고민과 걱정을 가진 수많은 어른들을 위한 진로교육을 지면을 통해 조금이나마 나눌 수 있기를 바라는 마음들이 모였기 때문이기도 하겠지요.

'어른들을 위한 진로교육이 필요할까?'라는 질문과 고민 속에서도 포기하지 않도록 나를 이끈 힘은 무엇이었을까요? 결국 답은 '사람'이었습니다.

곁에서 응원과 지지를 아끼지 않은 가족들….

프로젝트 기획부터 쭈욱 같이 걸어온 드림메신저….

이끌어주고 성장할 수 있도록 많은 시간을 함께한 선생님들과 나의 도반들….

그리고 참여하며 꿈담 프로젝트의 필요를 기획자인 나보다 더 목청 높여 이야기해 준 참여자들….

앞으로 만나 자신만의 이야기를 함께 피워나갈 사람들….

모두에게 감사의 마음을 전합니다.

　대단할 것 없는 보통의 우리들이지만, 우리는 각자의 반짝임을 가지고 살아갑니다. 반복되는 일상에 지쳐 지금까지 내가 걸어온 길로 계속 걸어가는 것이 맞는지, 진정 내가 품고 있던 꿈이 무엇인지 몰라 그 빛을 잃어가고 있지는 않은지 돌아보며 잠시 숨 고르기하고 힘차게 다시 내딛는 걸음에, 마라톤을 함께 뛰며 페이스를 끝까지 유지하고 목표지점에 도달할 수 있도록 돕는 페이스메이커처럼, 당신의 삶에서 나를 찾아 꿈을 피우는 그 길을 함께 걷는 드림메이커가 늘 함께하겠습니다.
　고유의 빛으로 반짝일 여러분을 응원합니다.

- 드림메이커 조수정

꿈담기획팀에서 나를 찾아 꿈을 피우는 꿈담 프로젝트를 준비하며 쌍둥이 엄마에서 진로전문가와 드림메신저가 되기까지의 여정을 돌아보게 되었습니다. 진로공부를 하면서 저를 들여다보게 되어 그동안 잊고 있었던 저의 어린 시절의 꿈도 발견하게 되었고, 제가 추구하는 삶의 방향도 찾아 지금은 그 길을 걷고 있습니다. 꿈담 프로젝트를 함께 기획하고 진행하는 드림메이커와 꿈마루진로센터에서 맺은 인연으로 함께 성장하며, 배운 것을 나누는 삶을 살아갈 수 있어 저에겐 너무나 영광이고 행복입니다. 삶의 주인이 되어 꿈을 찾고 행복한 삶을 살아갈 수 있도록 돕는 꿈담 프로젝트를 함께 기획하고 진행하면서 우리가 더 많이 배우고 성장하는 시간이었습니다.

모치즈키 도시타카는 "행복하고 성공한 사람들은 과거에 감사하고, 미래의 꿈을 꾸고, 현재를 설레며 산다."고 말했는데요, 꿈을 향해 가는 저의 일상이 축제인 것처럼, 여러분의 꿈이 현실이 되는 그날까지 이 여정에서 얻은 깨달음과 열정을 잊지 마세요!

  꿈담 프로젝트는 끝이 아닌 시작으로, 각자의 꿈을 향해 힘차게 나아가시길 응원합니다. 꿈을 향한 여러분의 열정이 언제나 빛나기를!

  꿈담 프로젝트를 통해 저는 많은 사람들과 인연을 맺을 수 있었고, 그 인연들이 저에게 큰 힘이 되었습니다. 함께 프로젝트를 기획하고 진행해 온 드림메이커와 프로젝트에 참여해 주신 참여자분들께 깊이 감사드립니다.

제가 하고 싶은 일을 맘껏 할 수 있도록 응원하고 지지해 주는 사랑하는 우리 가족에게도 고맙다는 말 전합니다. 그리고 또 하나의 가족인 다드림스쿨 멤버들과 항상 저에게 긍정 에너지를 전해주시는 많은 분들께도 이 자리를 빌어 감사의 인사 드립니다.

마지막으로, 이 책을 통해 우리들의 이야기가 여러분에게 작은 도움이 되기를 바랍니다. 꿈을 찾는 것은 삶의 중요한 부분이며, 그 꿈을 이루기 위해 매일 노력하는 것 역시 중요합니다.

버클리 음대의 케니 워너(Kenny Werner) 교수는 무엇인가를 시도했다가 원하는 결과를 얻으면 성공, 무엇인가를 시도했다가 얻지 못하면 실패라고 하지만, 이것 역시 또 하나의 성공이라고 얘기합니다. 왜냐하면 거기서 배워서 더 나은 시도를 할 수 있기 때문입니다. 그러면 그가 정의한 실패는 무엇일까요? 시도했다가 안 될 것이 두려워 아예 시도조차 하지 않는 것입니다. 저는 이 책을 통해 독자 여러분이 잃어버린 꿈을 찾고, 그 꿈을 이루기 위한 용기와 끈기를 얻었으면 합니다. 감사합니다.

- 드림메신저 김자영

Special thanks. 꿈담 프로젝트가 걸어오는 과정에 함께해 주었던 '성장파트너' 이유미 선생님께 고마운 마음을 전합니다.

[**프로젝트 참여 후기**]

저는 아이가 태어난 지 얼마 안 됐을 때 진로코칭을 들었어요. 그러니까 그 꿈이라는 게 '과연 어떤 메시지를 줄까?' 하며 많이 고민하고 숙제처럼 남겨졌었는데, 그걸 사실 잊고 있고, 또다시 반복해서 잊고 있고, 또다시 생각하기에는 어려운 시간들이었던 거죠. 이게 머릿속에 있던 어떤 영상들이나, 아니면 저의 생각들이 이야기를 통해서 서로 소통하면서 구체화될 수 있지 않을까라는 희망을 가져보는 시간이었어요.

그리고 다른 분들도 저와 똑같이 어떤 엄마의 역할도 하면서 자기를 찾아가는 분들이 모이는 거잖아요.

그래서 약간 공동체 의식도 느끼고, 그런 마음들이 조금 뒤섞이는 그런 시간들이 주어진 것 같아서 시작점이 너무 좋고 선생님들 모두 잘 진행해 주셔서 정말 감사드립니다.

커리큘럼이 너무 좋았어요. 오늘이 처음인데 '꿈을 묻다' 하면서 과거, 현재, 미래를 돌아보는 것도 너무 좋았고요. 요즘엔 경제적 자유를 많이 얘기해서 사람들이 부를 많이 쌓는 것, 경제적으로 어떻게 부자가 되는가에 대해서 엄청 많은 에너지를 다 쏟고 있잖아요. 그래서 사실 저도 이제 자본주의 키즈다 보니까 열심히 그런 거에 관심을 갖고 공부했었는데, 오늘 이 프로젝트에 참여하면서 '아, 그게 그렇게 큰 게 아니구나!'라는 것을 느낀 거죠. 그러면서 조금 생각하게 됐어요. 오늘 묻고, 옛날 생각도 하면서 '그게 궁극적인 건 아니구나!'라는 생각이 좀 들면서 마음이 조금 이상한 것 같아요. 몽글몽글한 것 같고 좋네요~ 정말 감사합니다.

엄마들의 꿈을 찾아주고 싶은 훌륭한 비전으로 의기투합한 선생님들. 이번 프로젝트를 통해 특별한 나를 만들어준 꿈담 프로젝트 덕분에 너무 행복했습니다. 매번 구성도 알차고, 미니특강도 너무 감동적이었고, 집에서 목 빠지게 기다려 여유가 부족했던 거 같아 더 아쉽습니다. 오프라인 세미나 활동을 통해 시너지효과를 누리는 더 멋진 꿈담이 될 수 있을 것 같아요 ~~ 감사합니다.

　혼자 막연하게 생각했던 삶의 어떤 방향성에 대해 저는 시간이 나면 생각을 많이 하고 있었어요. 그런데 프로그램이 단순히 학부모와 학원 간의 이야기가 아니라, 공통적인 생각을 얘기해서 긍정적이었어요. 첫날이라 속 얘기를 다 하지는 않았지만, 이렇게 편하게 얘기할 수 있고, 들어주시는 분들이 있다는 것만으로도 좋았습니다.

비슷한 갈증을 가진 이들이 많다는 것을 다시금 느꼈고, 이런 프로그램을 통해 소통하고 공감하며 스스로 꿈과 미래를 찾고 그리는 시간이 주어짐에 감사한 마음입니다. 더하여 함께 할 수 있어 좋았습니다.

　오늘 너무나 행복한 시간이었습니다. 누구의 딸, 아내, 엄마가 아닌 오롯이 'OOO' 나를 기준으로 생각할 수 있는 시간이었습니다. 진행해 주신 선생님들께 다시 한번 감사드리고, 함께 시작하는 여러분과 10년 후 이루어짐에 행복한 옛이야기 나누길 간절히 바랍니다.

　첫 시간 꿈을 묻고, 둘째 시간 나를 알고, 셋째 시간 꿈을 담아보고, 넷째 시간 꿈을 그려봄으로 구체화하고, 이 네 번의 8시간이 참으로 설렘이고, 가슴에 숨겨두고 꺼내어 가끔 보던 것들이 생생히 드러나는 느낌으로 구체화되는 것 같아 벅차게 두근거리는 시간이었습니다. 잘 이끌어주셔서 감사드려요.

인생을 돌아보고 나의 길을 확인하는 시간을 통해 내가 제일 못했던 거 '버리고 선택하기'. 이번에도 여전히 힘들었지만 잘 알려주셔서 다시 한번 나를 확인했답니다. 감사합니다.

함께하는 꿈담러들도 많이 알게 되어 갈수록 애정 뿜뿜입니다~~

어떨 때는 내 삶이 가장 힘든 것처럼 느껴져 자책할 때가 있었는데, 좋아 보이는 다른 이의 삶에도 '각자의 힘듦이 있구나~' 또는 '있었구나~' 생각하며 위로를 받는 시간들이었습니다. 마지막 질문 중 "삶에서 기쁨을 찾았나요?" 네~ "하지만 당신의 삶이 다른 이에게 기쁨이 되었나요?" 나의 기쁨은 찾았으나 우리 가족, 내 주변 사람에게 행복과 기쁨을 주는 삶을 살고자 다짐해 봅니다.

혼자 걷는 한 발자국 자리보다 함께 걷는 여러 발자국 자리가 좋아 보이듯, 회차가 지날수록 생각하고 바라보는 것이 같은 사람들과 함께한 2시간이 정말 순식간에 지나가 버려 남은 회차가 소중해집니다.

가까운 거리의 이웃은 아니지만, 마음으로는 벌써 이웃사촌 같아 늘 이톡방에 올라오는 활자들을 입꼬리를 올리면서 본답니다. 다시 한번 이런 기회를 만들어주시는 선생님과 같은 배에 타서 목표를 향해 나아가는 동료분들께 감사드립니다. 지나온 제 인생도, 앞으로의 제 인생도 세 장 Want한 카드 속 이야기를 열심히 써나가 보겠습니다.

이 과정을 선생님들과 함께하면서 가슴이 콩닥콩닥 뜁니다 ~ 넘 행복하네요~^^

바쁜 일상 속에서 나의 이야기를 돌아보고 함께 귀기울여 공감해 주는 분들과의 시간이라 더 의미 있게 다가오는 것 같아요. 특이 오늘은 한 분 한 분의 인생스토리와 더불어 내 삶의 방향과 가치를 정리했던 시간이라, 그 시간이 순삭~이었네요. 같이 성장할 수 있어 행복합니다.

　인생 그래프를 그리며 어려운 시기를 잘 이겨내고 지금 이 자리에 있는 내가 대견하고, 앞으로도 이렇게 나는 성장하겠구나 하는 기대감을 갖게 되었어요. 마음 깊숙한 곳에 잠들어 있던 그 무엇인가를 몽글몽글 새싹처럼 피어나게 만들어주는 꿈담 프로젝트~ 선생님들께 응원과 감사의 메시지 전합니다. 이제 꿈담 프로젝트의 다음 강의가 기다려집니다.
　마음속에 작은 일렁임이 울렁거리기 시작해서 여러 날이 지나도록 계속 설렘을 가지고 지내고 있어요.

특 별 부 록

어른들을 위한 진로 가이드
– 알아두면 도움이 되는 참고 사이트

성인들이 진로 및 직업 전환을 위해 참고하거나 도움을 받을 수 있는 다양한 기관과 프로그램이 있습니다. 아래에 주요 단체와 기관, 그리고 그들이 제공하는 지원 서비스와 사례를 정리하였습니다.

1. 한국고용정보원(KEIS)

- **홈페이지:** https://www.keis.or.kr/keis/ko/index.do
- **지원 내용:** 재정지원 일자리사업, 민간 및 공공고용서비스기관의 운영 및 성과를 평가하고, 정책 개선과 효과적인 고용서비스 제공을 목표로 각종 모니터링, 성과평가, 컨설팅을 통해 고용서비스 품질과 효율성을 높이는 사업을 운영하고 있습니다.

2. 서울시 50플러스 남부캠퍼스

- **홈페이지:** https://50plus.or.kr
- **지원 내용:** 40대를 위한 직업 전환 전문교육을 제공하며, 온라인 학습과 현장 실습을 연계하여 직업역량을 강화하고 직업 전환을 지원합니다. 또한 일대일 전문 멘토링, 학습정보 제공, 경력설계 및 취·창업 관련 컨설팅 등을 제공합니다.

3. 한국장애인고용공단(KEAD)

- **홈페이지:** https://www.kead.or.kr/
- **지원 내용:** 장애인 근로자의 직업 전환을 지원하며, 직업재활시설에서 최저임금 적용 제외 장애인에게 직업재활과 훈련기회를 제공하여 최저임금 이상 양질의 일자리로 전환을 지원합니다. 또한 고용유지 지원, 취업성공수당, 사업주 지원금 등을 제공합니다.

4. 한국교육개발원(KEDI)

- **홈페이지:** https://www.kedi.re.kr/khome/main/webhome /Home.do
- **지원 내용:** 40대, 50대 성인학습자의 커리어 전환에 대한 인식, 준비도, 평생교육 요구도를 분석하고, 평생교육 활성화를 위한 정책 개선방안을 제시합니다.

5. 교육부 국립특수교육원

- **홈페이지:** https://www.nise.go.kr/main.do?s=nise
- **지원 내용:** 졸업 후 성인 사회에 성공적으로 적응하여 독립된 삶을 살아갈 수 있도록 학령기 동안 지속적인 교육과 서비스를 제공받을 수 있는 계획을 세우는 것을 지원합니다.

6. 국가정책연구포털(NKIS)

- **연구 자료:** https://www.nkis.re.kr/main.do
- **지원 내용:** 퇴직 전·후 중고령자가 빠르게 변화하는 노동시장의 환경에 조기 대처하고 준비할 수 있는 효율적인 국가 진로 전환 지원 체제를 구축하고, 중고령자 고용촉진을 극대화하기 위한 개선 방안을 제시합니다.

7. 국민내일배움카드(National Tomorrow Learning Card)

- **홈페이지:** https://www.work24.go.kr/cm/main.do
- **지원 내용:** 국민내일배움카드는 실업자, 재직자, 프리랜서, 자영업자 등 국민 모두에게 직업훈련을 제공하는 지원 제도로, 최소 300만 원에서 최대 500만 원까지 직업교육을 수강할 수 있습니다. 교육에 따라 본인 부담금이 있을 수 있습니다.

8. 고용센터 상담 서비스

- **홈페이지:** https://www.moel.go.kr/index.do
- **지원 내용:** 고용센터는 구직자와 재직자를 위한 다양한 상담 서비스를 제공합니다. 직업 상담, 취업 알선, 직업훈련 안내 등 개인의 상황에 맞는 맞춤형 지원을 받을 수 있습니다.

9. 고용24

- **홈페이지:** https://www.work24.go.kr/cm/main.do
- **지원 내용:** 고용노동부에서 운영하는 취업 포털 사이트로, 채용 정보, 직업 정보, 취업 지원 서비스 등을 제공합니다. 구직자는 이곳에서 이력서 작성, 채용 공고 검색, 취업 지원 프로그램 등을 이용할 수 있습니다.

10. 커리어넷(CareerNet)

- **홈페이지:** https://www.career.go.kr/cnet/front/main/main.do
- **지원 내용:** 커리어넷은 한국직업능력연구원에서 운영하는 진로 정보망으로 직업 정보, 진로 상담, 경력 개발 자료 등을 제공합니다. 성인 학습자들은 이곳에서 직업 전환과 경력 개발에 필요한 다양한 정보를 얻을 수 있습니다.

11. 정부24(Government24)

- **홈페이지:** 정부24(https://www.gov.kr)
- **지원 내용:** 정부24는 정부의 민원 서비스, 정부혜택(보조금24), 정책정보/기관정보 등을 한 곳에서 제공하는 대한민국 정부 대표 포털입니다. 직업훈련, 취업 지원, 복지 혜택 등 다양한 정부 서비스를 확인하고 신청할 수 있습니다.

12. 중소벤처24(SME24)

- **홈페이지:** https://www.smes.go.kr/main/index
- **지원 내용:** 중소벤처24는 중소벤처기업부 산하 다양한 기관에 흩어져 제공되던 서비스를 한 곳에서 통합 제공하는 포털로, 기업 관련 인증·증명서 발급 및 지원사업 안내·신청, 중기부 소관 민원 등을 제공합니다.

13. 서울시평생학습포털

- **홈페이지:** https://sll.seoul.go.kr
- **지원 내용:** 서울시에서 운영하는 사이트로 서울시민대학, 서울런4050, 서울배움e 등을 통해 서울시민이 다양한 분야의 온라인 강좌를 무료로 수강할 수 있는 곳입니다.

14. 여성새로일하기센터

- **홈페이지:** https://saeil.mogef.go.kr/hom/HOM_Main.do
- **지원 내용:** 여성새로일하기센터는 전국 취업을 희망하는 경력단절 여성 및 미취업 여성에 대한 ONE STOP 취업지원 서비스를 제공합니다.

　소개한 기관들에서는 성인들의 진로 및 직업 전환을 지원하기 위해 다양한 서비스를 제공하고 있습니다. 각 기관의 홈페이지를 방문하여 자세한 정보를 확인하시고, 필요에 맞는 지원을 받으시기 바랍니다.

꿈을 담다

초판인쇄	2025년 6월 9일
초판발행	2025년 6월 13일
지은이	김자영 · 조수정
발행인	조현수
펴낸곳	도서출판 더로드
기획	조영재
마케팅	최문섭
편집	문영윤
주소	경기도 파주시 광인사길 68, 201-4호(문발동)
전화	031-942-5366
팩스	031-942-5368
이메일	provence70@naver.com
등록번호	제2015-000135호
등록	2015년 6월 18일

정가 18,000원
ISBN 979-11-6338-487-8 (13190)

파본은 구입처나 본사에서 교환해드립니다.